PEGASO
Università Telematica
D.M. 20 04 2006 G.U. n° 118 del 23 05 2006

Corso di laurea in

Scienze dell'educazione e della formazione

Insegnamento di

Teoria e metodologia delle attività motorie dell'età

evolutiva

EDUCAZIONE MOTORIA, SPORT E DISABILITÀ

PROGETTO EDUCATIVO PER UN CENTRO SOCIO-

EDUCATIVO PER DISABILI

RELATORE:

Prof. Paolo Russo

CANDIDATO:

Annunziata Murolo

Matr. 090100594

Anno accademico

2011 – 2012

0

INDICE

CAPITOLO III

L'attività motoria per i disabili

CAPITOLO IV

IL RUOLO DELLA PSICOMOTRICITA' IN PAZIENTI CON INSUFFICIENZA MENTALE

2

CAPITOLO V

EDUCAZIONE MOTORIA: PROGETTO DI PSICOMOTRICITA'

PREMESSA

« Se Moreno potesse leggere o capire quello che ho scritto, avrebbe tutto il diritto di incazzarsi con me. Ma per mia fortuna, non può leggere, perché è cieco. E neppure capire, perché la Zigulì che ha sotto i capelli gli consente di riconoscere soltanto le tre parole che servono per sopravvivere: pappa, acqua, nanna. Insomma uno dei vantaggi di avere un figlio handicappato è che puoi permetterti di essere un idiota e trattarlo anche male. E io mi concedo spesso questo vizio ».

Queste sono le parole dure di un padre con un figlio disabile. Duro e disperato quando scrive: « sei insopportabile, quando urli così non ho scelta. O ti sbatto in camere e chiudo la porta, oppure ti prendo a sberle. Quasi sempre finisci in camera ».

Dice ancora: « la prima volta che Moreno mi ha abbracciato (senza morsi, graffi e calci) aveva sei anni. Aveva perduto un dentino e non sapeva cosa stesse succedendo. Così mi ha stretto le braccia attorno al collo e si è affidato a me. E' stato bellissimo. In passato avevo cercato di abbracciarlo tante volte ma sentivo di non trasmettergli nulla. Quando urla e non so perché è straziante, così viene da urlare anche a me. Non sopporto di essere tagliato fuori. Sono alla costante ricerca di uno scambio con lui. Ho l'impressione che Moreno riesca a sentirmi meglio di quanto io capisca lui ».

Ma c'è un senso di resa quando ammette che Moreno incarna l'idea del figlio che nessuno vorrebbe avere.

Moreno ha otto anni ed il cervello grande come una caramella zigulì. Così lo descrive suo padre in un libro – verità[1], in cui mette a nudo la propria rabbia e il

4

senso di impotenza. Lo fa con parole che di solito non si dicono, ma che raccontano per intero la storia d'amore e dolore di chi ha un bambino "diverso".

Ha il coraggio di svelare una realtà che tanti genitori preferiscono tacere. Il bisogno di guardarsi dentro, di aprirsi, di trovare una via, è tale che l'autore, docente di sociologia all'Università Bicocca di Milano, l'ha scritto con furia in una sola notte, dopo una giornata al parco giochi.

Quando dice che vorrebbe mandar giù il cervello di suo figlio proprio come una zigulì, è un modo disperato che vorrebbe, anche solo per un attimo, spegnere l'interruttore, quella fatica che sopportano entrambi.

Il corpo del disabile è un corpo da rifuggire, da cui scappare perché sconosciuto e difficilmente leggibile e decifrabile. I pregiudizi, i tabù e le angosce comuni aumentano se poi quel corpo, da oggetto di cura, diviene un corpo in movimento.

Come può, infatti, un corpo malato, malfatto, deformato, non guidato da una mente "sana" muoversi e addirittura praticare anche attività motorie?[2]. Per rispondere a questa domanda è necessario intanto, introdurre un nuovo termine, da un po' di tempo utilizzato dagli studiosi di pedagogia speciale e che va lentamente diffondendosi nell'uso comune che finisce per mutare la stessa prospettiva attraverso la quale esaminare la questione posta. Non più il corpo disabile, ma il corpo abile in maniera diversa, ossia diversamente abile.

Un corpo, insomma, con abilità, probabilmente diverse da quelle di tutti gli altri corpi, ma abilità da valorizzare, da rispettare e sviluppare per scoprirne e

---

[1] M. Verga, *Zigulì*, Edizione Mondadori, 2012 - pp. 186-187

[2] A. Magnanini, *Educazione e Movimento*, Edizioni del Cerro, 2008 p. 10.

promuoverne altre, in un gioco alla continua scoperta di se stessi, delle proprie capacità, delle proprie autonomie, con la consapevolezza di essere tutti all'infinito degli individui imperfetti e quindi sempre sulla strada dell'auspicabile cambiamento in meglio. Spetterà alla stessa educazione, in questa direzione, compiere questo grande sforzo: far *muovere* tutti verso la presa di coscienza di sé, spingendo ognuno all'impegno alla vita[3].

Chiarendo questi passaggi è possibile capire l'importanza del corpo per l'educazione e delineare i passaggi che conducono alla scoperta di un corpo diverso.

In qualsiasi essere umano l'immagine di sé e l'immagine corporea hanno un'importanza determinante per una crescita equilibrata.

Ma cosa succede se l'individuo nasce con una malformazione fisica o psichica o soffre di disturbi della propria immagine corporea? E' evidente la differenza dello sviluppo in esseri normodotati e in esseri umani in situazioni di handicap.

Questo mio lavoro si suddivide in tre parti: il primo capitolo ha per oggetto il punto di vista psicologico dell'immagine di sé e dell'immagine corporea .

Il secondo capitolo, evidenzia come l'immagine che lo specchio riflette ha, un "peso" importante in termini di autostima e un successivo riverbero sulla rete di relazioni sociali ed affettive; in altre parole, la possibilità o meno di piacersi e di sentirsi a proprio agio con se stessi e con il proprio corpo, che consente di rapportarsi in maniera più o meno soddisfacente agli altri.

Il terzo capitolo ha per tema specifico *la disabilità*. Il concetto di sé e il concetto di immagine corporea in situazioni di handicap è molto difficile da

---

[3] Ibidem, p. 13.

costruire in modo equilibrato, non tanto a causa del deficit ma soprattutto per cause esterne, sociali e ambientali, oltre che psicologiche.

In questo quadro si inserisce come strumento educativo e rieducativo l'attività motoria, proponendosi come mezzo privilegiato per la conquista dell'autonomia personale, dell'integrazione sociale e per il miglioramento dell'autostima.

Alla luce di tali considerazioni, attraverso il seguente lavoro, ci si pone, quindi come obiettivo prioritario sensibilizzare soprattutto sull'utilità della psicomotricità, dimostrando come l'intervento psicomotorio sia completamente in linea con il percorso avviato per migliorare l'efficienza, l'efficacia, la sicurezza, l'accessibilità, l'umanizzazione e l'aggiornamento del sistema dei servizi della persona.

L'idea di questo lavoro nasce, oltre che dall'esigenza di documentare il progetto e i risultati ottenuti attraverso di esso, dalla forte convinzione che la psicomotricità, intesa come educazione motoria, possa essere prioritaria e di avviamento ad una pratica sportiva. E' un modo attraverso il quale ai diversamente abili viene riconosciuta la dignità di persone da educare e non di soggetti da addestrare.

L'obiettivo di questo mio lavoro è cercare di spiegare come l'educazione utilizzi il movimento come propria strategia trasformandolo in energia vitale e propulsione, delineando come l'educazione al movimento riguarda tutti, in un processo educativo che crea continue occasioni comuni di apprendimento e di integrazione anche per i diversamente abili.

Il movimento corporeo è l'elemento essenziale di cui tutti, fin da piccoli, abbiamo bisogno per sviluppare un'immagine di sé, per esplorare l'ambiente, per conquistare quell' autostima che nasce dalle relazioni che si intessono con il gioco. "Il movimento è vita, senza movimento la vita è impensabile"[4].

La psicomotricità si realizza così attraverso il corpo e il movimento utilizzando come mezzo privilegiato il gioco. Soprattutto nel primo decennio di vita, il linguaggio con cui il bambino esprime se stesso, non è tanto quello verbale, ma è proprio quello del corpo, del movimento e dell'azione che si concretizza nel gioco.

Platone riconosceva che "si può conoscere di più su un bambino in un ora di gioco che in un anno di conversazione".

CAPITOLO I

---

[4] M. Feldenkrais, *il metodo Feldenkrais*, p. 24

Un viaggio alla scoperta del corpo

Riflessioni introduttive.

Noi non conosciamo il nostro corpo reale. A causa di tutte le tensioni accumulate e viventi nella nostra testa, in un mondo di concetti e di idee, anche il corpo è diventato un'idea, piuttosto che qualche cosa che vive o qualche cosa che sente.

La sua energia sotterranea è paralizzata nelle tensioni neuromuscolari. Siamo in cerca di parole sincere e profonde su questa dimensione del sentire corporeo, per esplorarla, per celebrarla: perché se viene dimenticata ci fa perdere umanità e valore.

Anche se il sentire è sempre prima delle parole, crediamo che attraverso le parole la si possa evocare e arricchire di significati.

Apre a tante domande, l'ascolto del corpo. Qual è il ruolo del corpo nell'ascolto di noi stessi? Degli altri? Del "di più" che a volte irrompe nelle nostre vite, nell'arte, nella spiritualità?

La ricerca di sensibilità e equilibrio attraverso il corpo è un fine o un mezzo? E se è un mezzo, per cosa?

Con l'ascolto del proprio corpo si scopre il benessere ed il potere che dà lo stare in pace con se stessi, consapevolmente….è un po' come "ritornare a casa".

"Sentire il corpo, ascoltarlo, muoversi, sentirne i lamenti, scoprirne i punti forti, sentirsi con il corpo dentro il paesaggio e confondere la fatica della pedalata con la fatica della terra che gira su se stessa e poi intorno al sole fino a girare come se fosse un'anello della concatenazione dei satelliti, delle stelle, degli elettroni, dei nuclei e scoprire nel movimento rotondo la chiave del movimento in avanti"[5].

Comunque è sempre grazie al corpo e con il corpo, che siamo qui a fare l'esperienza di questa vita sulla terra. Troppo spesso maltrattato, poco amato e capito, a volte trascurato. Impariamo ad amarlo e per amarlo bisogna capirlo. Per capirlo bisogna ascoltare. Per ascoltare bisogna tendere le orecchie......quelle interiori.

1. Vedere, sentire, ascoltare il proprio corpo.

La realtà quotidiana, così come noi la percepiamo (con i suoi colori, rumori, sapori, ecc.), tutto ciò che sta intorno a noi, il nostro mondo, è filtrato da un sofisticato sistema di recezione ed elaborazione delle informazioni che si trova in noi, all'interno del nostro corpo. Si tratta del sistema sensoriale: grazie ad esso scegliamo automaticamente le informazioni che ci sono indispensabili per sopravvivere e per condurre una vita "ordinata" e compatibile rispetto al mondo che ci circonda.

Il corpo è il centro del nostro universo, esso è continuamente attraversato da flussi di energie e continuamente le trasforma, le traduce in un ininterrotto processo di adattamento che poi è la vita. Dunque la fruizione della realtà fisica è

---

[5] L. Cherubini Jovanotti, *Il grande boh!*, Ed. Universale economica Feltrinelli, p. 68.

10

resa possibile dal nostro essere corpo. Ma anche il corpo in sé è una realtà da percepire.

I confini tra il corpo ed il mondo che lo circonda, vengono definiti nella nostra mappa mentale nella prima infanzia attraverso un enorme lavoro di osservazione e comparazione di esperienze sensoriali, a volte anche dolorose, che ci danno le informazioni necessarie per "prendere possesso" del nostro corpo in relazione a tutto ciò che corpo non è, ossia il mondo esterno.

Ma il processo di acquisizione è continuo, e prosegue per tutta la vita. Grazie ad esso possiamo apprendere nuove abilità, perfezionare quindi la conoscenza del nostro essere corpo, sviluppare un livello di attenzione sempre maggiore alle sensazioni corporee, ed una sempre maggiore consapevolezza dei nostri equilibri interni. Guardare, osservare le differenze, cominciare a vedersi come si è nelle diverse posizioni, ascoltare i rumori e i silenzi del corpo, sentire la propria postura ad occhi chiusi, sentire i muscoli che si rilassano, sentire il peso e lo spostamento, ascoltare il suono del respiro e delle articolazioni, vedere e sentire la posizione del corpo, ecc. segnano piccole tappe fondamentali di un percorso per nulla scontato di conoscenza sempre più attenta e approfondita in un mondo interno spesso sconosciuto e/o trascurato.

Perciò, l'essenziale è il riconoscersi, qui ed ora, come corpo e lasciare che questo corpo con tutti i suoi limiti, sia la guida della nostra ricerca. E' come aprire la finestra che dà sulla campagna, vedere in che direzione ci conduce il sentiero, e tirare una bella boccata di aria fresca.

Non basta, stare a guardare per proseguire, serve portarsi avanti, muovere le membra, portare il proprio impegno e la propria attenzione nel mettere un passo dietro l'altro, senza fretta, ma con continuità e stare a *vedere, ascoltare, sentire* che cosa accade nella semplice verità dell'esperienza del nostro corpo.

"Ci viene detto che è necessario che il nostro corpo si fortifichi, che occorre sudare e traspirare. Allora per conquistare la forma inforchiamo la bicicletta, ci appendiamo alla spalliera, corriamo fino a perdere fiato, ci mettiamo a sollevare i pesi.

Quello che, invece, dovremmo fare prima di tutto è aprire gli occhi, prenderci il tempo di guardare il nostro corpo per vedere come funziona"[6].

Entrare in contatto intimo e amorevole con il nostro sé corporeo è il primo atto consapevole che possiamo compiere, il primo fondamentale passaggio per intraprendere il cammino su quel sentiero che prima abbiamo solo visto ed osservato dalla finestra...adesso apriamo la porta e *andiamo*.

2. L'identificazione: il sé corporeo e l'immagine del sé corporeo.

Di centrale interesse per l'uomo è stato il rapporto con il proprio corpo, la ricerca e la definizione della propria immagine corporea. Platone identifica il corpo come "tomba o prigione dell'anima", Aristotele definisce l'anima come "forma del corpo", Cartesio definisce il corpo come "una macchina indipendente" realizzando la scissione corpo-mente, Husserl lo intende come "vissuto" che accompagna sempre la coscienza", unità vissuta di percezione e movimento. E' di Schilder tuttavia, la definizione più nota che risale al 1935: "l'immagine del nostro corpo che ci formiamo nella mente è cioè il modo in cui il nostro corpo ci appare". Da questi accenni si intuiscono le componenti fondamentali nella

---

[6] Thérèse Bertherat, *Le corps a ses raisons*, 1976

costruzione del sé: l'immagine corporea, lo schema corporeo e la percezione corporea.

J.de Ajuriaguerra (1973) definisce lo schema corporeo come "rappresentazione costante più o meno chiara del nostro corpo fermo in una posizione spaziale o in movimento...lo schema corporeo non è una nozione, ma una pratica che si evolve mediante l'esplorazione e l'imitazione".

R.C. Russo (2000) fa subito una distinzione tra schema corporeo e immagine corporea. "Lo schema corporeo è la rappresentazione mentale del corpo come entità spaziale costituita sulle basi cognitive delle sensazioni che provengono dal corpo stesso". L'immagine corporea è "la rappresentazione mentale che ognuno ha del proprio corpo permeata e modellata dal vissuto che ha arricchito la percezione del corpo stesso". Per l'autore la rappresentazione mentale dello schema corporeo segue "Leggi universali per l'individuo umano" mentre l'immagine corporea è "l'habitus individuale che veste uno schema universale".

Generalmente e semplicisticamente, lo schema corporeo può essere considerato come una "mappa" contenente i diversi elementi presenti nel corpo umano, nella giusta posizione e sequenza[7].

L'immagine corporea si costituisce nel corso della vita a partire dai primi giorni di vita, durante le quali le relazioni con le figure di attaccamento principali, i genitori, sono fondamentali.

In seguito si modifica ed entra in gioco tutta l'esistenza del soggetto, l'ambiente e le esperienze. Nel concetto di immagine corporea si pone, infatti, il problema del vissuto corporeo. W.James sosteneva che ogni qualvolta due

---

[7] S. Scarpa, *Il Corpo nella mente*, Ed. Calzetti Mariucci, 2011, p. 19.

persone si incontrano ci sono in realtà sei persone presenti. Per ogni uomo c'è
n'è uno per come egli stesso si crede, uno per come lo vede l'altro ed uno infine
per come egli è realmente.

L'immagine corporea è una rappresentazione mentale della forma e delle
dimensioni del nostro corpo e racchiude nel suo significato anche i sentimenti, le
emozioni ed i pensieri connessi alle proprie caratteristiche fisiche. Si può parlare
così di una sorta di "fotografia interna" che la persona porta dentro di sé, e che
permette di poter effettuare una stima approssimativa delle proprie dimensioni
fisiche, del proprio peso corporeo, o di qualsiasi altra caratteristica che
contribuisce a determinare il suo aspetto esteriore.

Quest'immagine non è la semplice ed oggettiva registrazione di ciò che siamo,
ma una complessa costruzione, che dipende dall'esperienze affettive relazionali,
da come siamo stati guardati, accettati e riconosciuti. L'immagine esprime un
potere, tant'è, che esiste propriamente un "potere dell'immagine". Il corpo
immagine può essere amato (pensiamo al mondo narcisista), odiato (pensiamo al
mondo dismorfofobico), accettato (esperienza che può essere rappresentata da
quei corpi che hanno subito una violenza), sopportato (pensiamo al
comportamento ossessivo compulsivo) o negato (esempio è il mondo
anoressico), ma in ogni caso non può essere separato dalla persona.[8]

I metodi di valutazione dello schema corporeo risultano essere alquanto
numerosi nella letteratura straniera, ma quasi nessuno di essi può vantare una
taratura tutta italiana. La maggioranza si basano sulla tecnica del disegno. I più
importanti sono:

---

[8] B. Fabbroni, *Il corpo racconta di colui che lo abita*, Ed. Universitarie Romane, 2010, p.
78

- *Test di Brunèt e Lèzine* (21 mesi): viene dato l'appropriato rilievo all'item "indica 5 parti del corpo sulla figura della bambola" (si tratta com'è noto di un cartone raffigurante una bambola di 27 cm d'altezza)

- *Scala d'intelligenza Stanford-Binet* (24-30 mesi): è incluso un item analogo a quello del test precedente, nel quale è utilizzato ancora un cartone, su cui è stampata una grossa bambola. Il bambino è invitato a indicare nell'ordine: i capelli, la bocca, i piedi, le orecchie, il naso, le mani e gli occhi. Essa implica soprattutto la capacità di osservazione e riproduzione dei dettagli

- *Test dell'imitazione dei gesti di Bergès e Lèzine* (dai 3 ai 6 anni): indaga il passaggio da imitazione essenzialmente figurativa ad un'immagine interiorizzata,[9] è una tecnica che prevede lo studio dell'acquisizione dello schema corporeo nel bambino e quindi della sua utilizzazione prassica

- *Test dello schema corporeo di Daurat - Meljak, Stambak e Bergès* (dai 4 agli 11 anni): tecnica cognitivista, è un test di sviluppo che misura il livello di conoscenza che il bambino ha dei rapporti tra le differenti parti del corpo, quindi la capacità che il bambino ha di rappresentare mentalmente il proprio corpo

- *Il Test della figura umana* (dai 3 ai 12 anni): nel disegnare la figura umana il bambino rappresenta inconsciamente se stesso e quindi la percezione del proprio schema corporeo e dei desideri che l'accompagnano. Se la figura umana è eseguita con una buona collocazione nello spazio, ben proporzionata nelle forme, ossia se il tutto è definito in modo strutturato, il

---

[9] Vari autori, *Trattato enciclopedico di Psicologia dell'età evolutiva*, Ed. Piccin, p. 1240

bambino si avvia ad una crescita armonica, con un buon adattamento alla realtà. Al contrario se il bambino disegna un omino piccolo, magari in fondo al foglio, con un tracciato debole e tremolante, può significare che egli si sottovaluta, si sente inferiore ai suoi amici o rispetto ad un fratello. L'assenza di alcuni organi o apparati del corpo umano, le continue cancellature, le interruzioni del tratto e una collocazione non corretta degli arti sono tutti segnali di insicurezza, che colti in tempo, servono all'adulto non tanto per fare diagnosi, ma per aiutare il bambino nella fiducia in sé stesso, nella propria autostima, per evitare che sentendosi poco dotato, blocchi il suo potenziale in sviluppo. Nell'esecuzione del test ci si rivolge al bambino: "disegna una figura umana", o per i più piccoli, "disegna un uomo o una donna, un bambino o una bambina". Bisogna evitare di intervenire per non influenzare il disegno, magari incoraggiarlo: "va bene così, continua tranquillo". Non c'e' limite di tempo per l'esecuzione del disegno, il bambino è libero di cancellare e modificare il disegno. Si consiglia di osservare, la sequenza dell'esecuzione della figura umana, l'atteggiamento e i comportamenti spontanei del bambino, il tempo impiegato e la quantità di fogli usati. Il test della figura umana permette di avere un'idea approssimativa, ma abbastanza corretta della crescita psicofisica e del livello di evoluzione grafica del bambino.

16

Test per la valutazione dei disturbi dell'immagine corporea

E' un questionario strutturato in due parti:

La prima parte:

Comprende 34 items, il cui score complessivo identifica il grado di severità legato alla propria immagine corporea (**GSI - Global Severity Index**).

Comprende inoltre 5 aree più ristrette legate a:

- Fobia del peso (**WP - Weight Phobia**)

- Preoccupazioni per l'immagine (**BIC - Body Image Concerns**)

- Condotte di evitamento (**A - Avoidance**)

- Controlli compulsivi della propria immagine (**CSM - Compulsive Self-Monitoring**)

- Depersonalizzazione (**D - Depersonalization**)

La seconda parte, che si compone di 37 items, focalizza l'attenzione verso un preciso istretto corporeo. Due sono le valutazioni risultanti da tale analisi:

- risultato del malessere complessivo (**PST – Positive Symptom Total**)

- Indice di disagio (**PSDI – Positive Symptom Distress Index**).

Va segnalato il fatto che attualmente si ritiene che l'agnosia dello schema corporeo sia dovuto a lesioni delle aree 39 e 40 situate nell'area associativa parietale terziaria dell'emisfero dominante.

CAPITOLO II

Corpo: amico o nemico?

Introduzione

L'aspetto reale del nostro corpo non sempre coincide con l'immagine che ne abbiamo, sulla quale influiscono diversi fattori nelle diverse età della vita. Chiunque viva in un paese di cultura occidentale è certamente consapevole di vivere in una società ossessionata dall'aspetto esteriore[10].

Soprattutto nell'adolescenza, i genitori, i coetanei e i mass media condizionano il modo in cui il ragazzo vede il proprio aspetto fisico.

Ormai, sono molti gli studi che hanno sottolineato come la stima delle nostre dimensioni corporee sia legata indissolubilmente al nostro atteggiamento nei confronti del corpo, al modo in cui lo viviamo sia in ambito personale che in un contesto più ampio come quello sociale.

La preoccupazione che il proprio aspetto fisico possa essere accettabile socialmente, gioca in questo senso un ruolo fondamentale fin dagli anni della scuola elementare, ed è stato più volte messo in evidenzia come in questo processo siano coinvolte in misura maggiore le femmine rispetto ai maschi.

E' possibile evidenziare alcuni fattori che in questi anni della vita della persona possono condizionare lo sviluppo della propria immagine corporea.

---

[10] M. Antony e R. P. Swinson, *Nessuno è perfetto*, Ed. Italiana, 1998, p. 252.

I GENITORI: l'influenza genitoriale sul comportamento del bambino è tanto maggiore quanto più il bambino è piccolo. Diversi genitori considerano estremamente importante l' aspetto fisico dei propri figli, fino ad incoraggiare diete anche in età molto precoci, trasmettendo spesso al bambino l'idea che solamente con un corpo in forma è possibile essere accettati dagli altri.

I COETANEI: nonostante siano meno influenti durante l'infanzia rispetto all'adolescenza, i compagni di gioco sono una fonte importante di condizionamento durante lo sviluppo, e può capitare che umiliazioni e battute pesanti sul proprio fisico determinano un rischio maggiore di sviluppare sentimenti negativi, associati all'immagine del corpo negli anni successivi.

I MEDIA: la società attuale rivolge sempre maggiore attenzione al corpo, alla sua immagine e alle diverse rappresentazioni della corporeità. Il bell'aspetto si impone nei vari contesti, come nei reality show (tra tutti *Il grande fratello)* o i *Talent show* (XFactor e Amici). *La* realtà mediatica e dell'immagine, nella quale siamo immersi, contribuisce ad enfatizzare tale fenomeno ,fino a rendere il corpo un'icona prevalente, che si impone, in maniera preponderante su tutte le altre caratteristiche psicologiche e di personalità del soggetto, a cui tale immagine viene fatta riferire. Basti pensare, ad esempio, a quanto il mondo della moda determina un'imposizione del linguaggio del corpo su qualsiasi altra forma di linguaggio e di comunicazione. Tale circostanza facilmente si presta a diventare un pericoloso modello educativo ingenerando, soprattutto nelle generazioni più giovani, la falsa idea che un seducente aspetto fisico sia la chiave esclusiva di accesso al successo, alla popolarità e alla fama mediatica. Anche per questa sua aumentata importanza o centralità, il corpo è diventato luogo o occasione di pratiche particolari e impegnative (ad es. diete, fitness, chirurgia, ecc.) a cui dedicare grandi risorse di tempo e monetarie[11].

1. La società dell' "immagine"

Ogni sistema economico-politico impone la propria idea di "corpo" in ordine al controllo che vuole avere su di esso, o al grado di disagio sessuale o esistenziale che vuole produrre negli individui.

Più un sistema è dittatoriale più cercherà, in modi diretti o indiretti, di controllare il corpo, decidendo come esso deve essere. Nel nostro sistema esistono due tipi di controllo: il controllo farmaceutico o medico e il controllo estetico.

Nel primo caso si intende a tradurre ogni disagio o dolore in un bisogno di medicine. Ad esempio, se andiamo dal medico perché abbiamo problemi di stomaco, egli non perderà molto tempo per indagare, ad esempio, sulle nostre abitudini alimentari o sulle eventuali tendenze a somatizzare, ma dopo pochi minuti avrà già pronto il farmaco "adatto".

Dunque, per ogni sintomo, a prescindere dalla causa che lo ha prodotto, c'è una pastiglia. Il farmaco e la medicina tradizionale svolgono un importante ruolo di controllo del corpo, sin dalla più tenera età delle persone.

Il controllo estetico avviene in maniera diversa. Ad esempio, durante il fascismo c'era l'idea che la donna avesse il compito principale di procreare e, dunque l'ideale estetico imposto era quello che ricordava la mamma: figura tonda dai fianchi larghi.

---

[11] S. Ladogana, *Lo specchio delle brame*, Ed. Franco Angeli, 2016, p. 12.

Oggi, invece, il sistema propone un'ideale opposto: donne alte, con fianchi stretti e molto magre.

La rappresentazione corporea ha un ruolo fondamentale nel determinare l'autostima, l'accettazione e l'integrazione sociale. Il rifiuto della propria corporeità può generare vergogna, un senso di inadeguatezza e di indegnità. Nelle culture in cui si esalta la perfezione del corpo o si pongono modelli estetici assai elevati, le persone decisamente "brutte" divengono capri espiatori della frustrazione che tutti, in diversa misura, proviamo.

I ragazzini grassottelli, o troppo magri o bruttini o occhialuti di sovente vengono derisi e ridicolizzati. Da ciò si inferisce che la bruttezza evoca contenuti spiacevoli da "esorcizzare" attraverso un comportamento atto a prenderne le distanze o a dileggiarla. Secondo Sigmund Freud la bruttezza provoca una perturbazione mentale, in quanto stimola l'emergere di contenuti inconsci rimossi perché proibiti, come l'aggressività, la cattiveria e il sadismo. La bellezza, al contrario, evoca altruismo e bontà. Nel "brutto" viene dunque proiettata l'ombra, e nel "bello" gli aspetti idealizzati di sé stessi.

Nelle fiabe e nei racconti, i buoni sono anche belli, tranne in piccoli casi. Ad esempio, nel caso del brutto anatroccolo si tratta di una falsa bruttezza. Esso si trasformerà in un bellissimo cigno, riscattando ampiamente l'equivoco di cui era stato vittima. Nel caso del gobbo di Notre Dame il suo corpo deforme è trattato da tutti con disgusto. La donna di cui si innamora è bellissima e non sarà ricambiato.

C'è l'idea che è impossibile per un bel corpo amare un corpo brutto.

21

Scrive Hugo: "Trovarono tra tutte quelle orribili carcasse due scheletri. Uno di quegli scheletri era quello di una donna...l'altro abbracciava stretto questo, era lo scheletro di un uomo. Notarono che aveva la colonna vertebrale deviata, la testa incassata tra le scapole e una gamba più corta dell'altra...quando fecero per staccarlo dallo scheletro che abbracciava, cadde in polvere". Quindi, "La Bella e il Brutto" uniti soltanto da morti.

2. Immagine corporea ed autostima.

Per la formazione di un adeguato concetto di sé, occorre quella considerazione positiva che siamo soliti chiamare autostima e quell'accoglimento del negativo che è l'autoaccettazione, indispensabile per far fronte agli eventi avversi della vita[12].

L'autostima è la valutazione che ci diamo semplicemente, una stima o se vogliamo la risposta alla domanda "cosa penso di me?".

Dagli psicologi è stata definita in tante maniere, anche complesse, quali "concetto di sé", "abilità personale", "autopercezione", ma tutti noi sappiamo che in base alla nostra autostima dipendono proprio tante cose.

L'autostima è determinata da informazioni soggettive ed oggettive riferite a tre tipi di sé:

- sé reale: è la valutazione oggettiva delle nostre competenze

---

[12] U. Galimberti, *L'ospite inquietante*, Ed. Giangiacomo Feltrinelli, 2007, p. 15.

- sé percepito: è la nostra valutazione del sé reale. Difficilmente sé percepito e sé reale coincidono, si rischia sempre di fare "errori di valutazione"

- sé ideale: è come desideriamo essere. Esso è influenzato dalla cultura e dalla società.

- I problemi legati all'autostima nascono dalla discrepanza tra il sé ideale ed il sé percepito. Il concetto di autostima non è unitario ma si riferisce a differenti ambiti:

- sociale: è in relazione alla cerchia degli amici e conoscenti, al rapporto col partner. Si tratta di come stiamo insieme agli altri, se ci sentiamo approvati, sostenuti, aiutati ...

- scolastico/lavorativo: quanto ci sentiamo bravi nell'intraprendere una attività e i vantaggi che questo comporta: buoni voti, carriera, soddisfazioni, ecc.

- familiare: è influenzato dalla sicurezza affettiva

- corporeo: è legato all'aspetto fisico e alle prestazioni fisiche.

L'autostima è il "vaccino" utile per combattere qualsiasi tipo di emarginazione nei confronti della società, nell'ambito scolastico, familiare, e così via. Un teologo e mistico vissuto nel 1657, certo Agostino Baker affermò: "la stima di sé stessi, l'indipendenza di giudicare, la forza di volontà, sono i tre requisiti indispensabili e fondamentali per avere l'autonomia intellettuale. La negazione di sé stessi è un male da evitare, mentre si deve accettare il suo opposto: amore per sé stessi, accettazione e contentezza di sé".

Platone riteneva essenziale provare amore per sé stesso al fine di migliorare l'umanità, Aristotele affermava che la propria realizzazione unitamente alla propria felicità, per ogni individuo rappresentava il bene supremo[13].

Molti pensano che l'autostima sia come una specie di organo che può essere molto o poco sviluppato. E quindi, si ritiene comunemente,che ci siano persone che ne sono poco dotate e persone che sono più dotate, oppure che ci si possa allenare, più o meno, come ci si allena in palestra ad aumentare la massa muscolare dell'autostima.

Ma le cose non sono così, l'autostima può essere solo sana e distorta.

Chi ha un'autostima sana si sente in pace con sé stesso e con gli altri, non si sente continuamente sopraffatto, né all'opposto tenta continuamente a sopraffare. Se invece l'autostima è distorta si verificano due possibili atteggiamenti:

- atteggiamento rinunciatario (per molte persone ogni piccolo impegno sembra un problema insormontabile e gli altri vengono considerati sempre più bravi, più sicuri, più capaci e più fortunati; le persone rinunciatarie sono terribilmente arrabbiate con gli altri e con il mondo)

- atteggiamento competitivo (consiste in un esteriore eccesso di sicurezza che sconfina con l'arroganza e con il disprezzo degli altri).

In entrambi i casi, come possiamo vedere, l'autostima non è semplicemente aumentata o diminuita, ma profondamente distorta. Nel caso dell'atteggiamento rinunciatario, la distorsione consiste nella passività rabbiosa, invece, nel caso dell'atteggiamento competitivo la distorsione consiste nell'aggressività insicura[14].

---

[13] G. Ghiandelli, *Autostima*, Ed. Eifis, 2005, p. 15.

Credere in se stessi e nel proprio valore, è indice di una sana autostima che è motivante, incoraggiante e fortificante: si è consapevoli delle proprie capacità di individuare e perseguire ciò di cui si ha bisogno. Ed è proprio questo sentimento che ci aiuta ad affrontare le delusioni, gli errori e gli insuccessi che inevitabilmente fanno parte della nostra esistenza. La vita non è sempre equa e persino i nostri sforzi maggiori non sempre hanno successo. L'autostima, in queste occasioni, aiuta la persona a "placare la tempesta", a trovare supporto dentro di sè e a guardare oltre, con rinnovato ottimismo e determinazione nell'investire le proprie energie[15].

Questa autostima è fortemente condizionata dalla rappresentazione mentale di noi stessi.

L'Apparenza è ormai centrale nel nostro assetto psicologico; se non siamo a posto, se non ci presentiamo ad *hoc*, se la nostra immagine non è la più gradevole possibile, non stiamo bene. Ci sentiamo innegabilmente più nervosi, meno sicuri e la percezione di una nostra penetranza sociale ridotta. Un vero e proprio disastro ecologico per la nostra psiche che ci rende estremamente vulnerabili e soprattutto valutabili.

Quando la nostra serenità si fonda su un valore effimero e cangiante come l'aspetto estetico, si deve pagare dazio alla soggettività e quindi al fatto che quello che un giorno appare bello e comunque accettabile, il giorno seguente può esserlo molto meno. Ecco, quindi, che l'insoddisfazione corporea è sempre latente, sempre possibile, un piccolo grande demone sempre in agguato. E

[14] A. L. Boldorini e P. Spagnolo, *Le chiavi dell'autostima,* Ed. Ecomind, 2010, p. 7.

[15] E. Giusti e A. Testa, *L'autostima: vincere quasi sempre con le 3 A*, Ed. Sovera, 2006, p. 24.

questa insoddisfazione sul proprio corpo va di nuovo ad impattare clamorosamente con la nostra vita.

"Sin da quando siamo nati ci hanno insegnato che apparire è più importante che essere. E a questo dogma terribile abbiamo sacrificato il nostro corpo, incaricandolo di rappresentare quello che propriamente non siamo o addirittura evitiamo di sapere"[16].

CAPITOLO III

---

[16] U. Galimberti, *Narcisisti e Schizzati*, articolo tratto dal quotidiano *La Repubblica* del 14.11.2006

L'ATTIVITA' MOTORIA PER I DISABILI

Introduzione

Abbiamo visto come il corpo sia la componente più importante e significativa per l'individuazione dell'identità di una persona.

Il sentimento di autoefficacia, l'autostima e la fiducia in se stessi sono concetti fondamentali per ciascun individuo, per potersi sentire vivo e persona, integrandosi a pieno nella società.

Le fondamenta dell'immagine di sé sono poste nei primi mesi di vita, quando il bambino attraverso il movimento e l'osservazione, entra in contatto con la realtà: le cose, gli altri e soprattutto se stesso.

L'organizzazione delle sensazioni relative al proprio corpo dà vita alla propria immagine corporea, costruita attivamente nel corso della maturazione psicofisica e nel corso delle innumerevoli esperienze.

La presenza di una <u>disabilità</u> può influire sulla formazione dell'immagine del sé che, a partire dalla dimensione corporea, risente delle limitazioni fisiche e dei deficit sensoriali, che provocano un ritardo nello sviluppo motorio e sensoriale. Il vissuto e le frustrazioni, derivanti dall'incapacità fisica e dall'impossibilità di esplorare lo spazio in libertà, ostacolano la costruzione dell'immagine di sé che è chiamata a fare i conti con gli <u>aspetti deficitari</u> legati alla disabilità.

La rappresentazione di sè stessi si unisce a un vissuto soggettivo di rifiuto, di esclusione, che trasforma il corpo da "luogo di sensazioni positive" (in quantità sufficiente da garantire le basi del "ben-essere") a luogo della "funzione alterata", della diversità.

Il bambino può, quindi, percepire il proprio corpo svilito, svuotato di significati, cancellato, poiché luogo nel quale si concretizza il deficit; oppure, per le medesime ragioni, può essere iper-investito di cure, interventi, manipolazioni e indagini.

Come si può allora insegnare ai bambini a conoscersi, a sperimentare, ad agire in modo funzionale, influenzando così positivamente l'autostima globale? Un strategia educativa è costituita dalle attività psicomotorie funzionali, che permettono di educare il corpo attraverso il movimento, maturando una migliore conoscenza e coscienza di esso, insegnando a gestirlo e modularlo, anche in relazione alle proprie emozioni e tensioni.

Porre il bambino di fronte a delle situazioni in cui deve autonomamente (ed in libertà) ricercare delle strategie per raggiungere obiettivi concreti, facilita l'attitudine creativa ed il pensiero divergente, grazie alla sperimentazione personale: le attività psicomotorie permettono di sperimentare il piacere sensoriale-motorio, legato a tutte le sensazioni provenienti dal corpo, sviluppando una visione positiva di sé come soggetti efficaci, competenti e creativi.

Ma, per affrontare la vita con autoefficacia ed autostima, bisogna muoversi in direzione di un'integrazione sociale, di un'inclusione nel mondo sociale.

Tutti concordano sul fatto che i disabili costituiscono una delle categorie più sfavorite dalla nostra società e che notevoli ostacoli continuano a sbarrare loro l'accesso a tutti gli aspetti della vita sociale.

Circa 37 milioni di persone nell'Unione europea (UE) soffrono di una forma di disabilità (motoria, mentale, dell'udito, della parola e della vista). La loro vita sociale viene inoltre limitata dagli ostacoli che ancora sussistono in materia di mezzi di trasporto, di aiuti e di possibilità di istruzione e formazione. È pertanto necessario eliminare gli ostacoli esistenti attraverso disposizioni legislative, sistemazioni, regole di portata generale e altri strumenti idonei.

Nonostante gli sforzi considerevoli profusi, resta ancora da compiere un lungo cammino per poter raggiungere alla piena partecipazione dei disabili.

1. Il disabile riconosciuto nella società dell'immagine

Il Consiglio dell'Unione Europea, con la decisione del 3 Dicembre 2011, ha proclamato il 2003 " anno europeo delle persone con disabilità"[17].

Un'iniziativa su scala continentale, per promuovere l'integrazione e diffondere una rappresentazione positiva delle persone con handicap. Nella dichiarazione di intenti di questi progetti, spiccano concetti quali sensibilizzazione, pari opportunità, informazione e immagine. Un'iniziativa che promuove nuove aree, non più solo quella dell'assistenza, del sostentamento e delle strutture di cura, ma quella dell'informazione, delle pari opportunità e del lavoro. Una scelta che va, almeno concettualmente, nella direzione di un'integrazione reale, di un' inclusione nel tessuto sociale, dopo secoli di allontanamenti ed esclusione.

Da questa considerazione è possibile partire e tracciare un percorso che porta il disabile a riappropriarsi della sua società, ed avere accesso ad aree per lungo tempo precluse, come lo sport, il turismo, il tempo libero.

---

[17] www.annoeuropeodeidisabili.it; www.eypd2003.org.

La sua città presenta opportunità nuovi e spazi nuovi da conquistare, il suo mondo si riempie di nuove possibilità.

Il 2003 ha rappresentato per le persone con disabilità un'occasione unica a livello nazionale, regionale e locale per la definizione delle priorità politiche mirate ad incoraggiare azioni specifiche in favore dei disabili. Migliaia di manifestazioni, conferenze e dibattiti sono stati organizzati per promuovere i diritti delle persone con disabilità e la loro piena partecipazione alla vita sociale ed economica, nonché per fare opera di sensibilizzazione in merito alle barriere, che queste persone affrontano quotidianamente nella società. Oltre al recepimento della direttiva comunitaria, che stabilisce un quadro generale per la parità di trattamento in tema di occupazione e di condizioni di lavoro, sono state annunciate nuove misure politiche, che ora sono in fase di attuazione negli Stati membri. A titolo d'esempio si può citare la Danimarca, che ha definito un piano d'azione sulla disabilità e ha predisposto un bilancio per creare da 800 a 1200 nuovi alloggi per i disabili; o la Germania, che ha attuato la nuova legge sulla parità di trattamento delle persone con disabilità, parallelamente alla precedente legislazione quadro. La fase del piano d'azione PAD (2004-2010) ,si è concentrata sulla creazione delle condizioni necessarie per promuovere una maggiore autonomia in settori quali dell'occupazione, il mantenimento della stessa, l'apprendimento lungo tutto l'arco della vita, lo sfruttamento delle potenzialità delle nuove tecnologie e l'accessibilità alle infrastrutture pubbliche. La direttiva 2000/78/CE richiede il cambiamento delle regole, in vigore in alcuni Stati membri. I datori di lavoro – pubblici e privati – devono modificare le loro prassi occupazionali nei confronti delle persone con disabilità. I principali programmi del Fondo sociale europeo e l'iniziativa comunitaria EQUAL, finanziano un'ampia gamma di azioni volte all'integrazione delle persone con disabilità nel mercato del lavoro e sperimentano soluzioni innovative su aspetti specifici di tale integrazione. La Commissione europea, si è inoltre impegnata nel contesto della politica di concorrenza, ricordando che nel novembre 2002 è stato adottato un regolamento che autorizza gli Stati membri a farsi carico sino al 60% del costo salariale e dei contributi sociali di un anno se un'impresa assume un lavoratore disabile. Inoltre, prevede la possibilità di concedere aiuti per compensare riduzioni della produttività o consentire l'adattamento degli ambienti. In merito alla salute e alla sicurezza sul lavoro, la direttiva 89/654/CE, relativa alle prescrizioni minime di sicurezza e di salute per i luoghi di lavoro, dispone che questi devono essere strutturati tenendo conto, di eventuali lavoratori diversamente abili. Di fondamentale utilizzo sono, inoltre, le nuove strategie tecnologiche, affinché tutti possano acquisire adeguate conoscenze per la loro crescita professionale. Per questa ragione la proposta della Commissione relativa a un programma di e-Learning fa un riferimento specifico alle esigenze delle persone con disabilità, analogamente al piano d'azione sull'apprendimento delle lingue e la diversità linguistica e a quello per le competenze e la mobilità.

Gli sviluppi della tecnologia, in particolare nel settore delle TIC, offrono notevoli opportunità per consentire alle persone con disabilità di superare i limiti funzionali e di evitare così l'esclusione informatica.

Nell'anno 2003, dopo oltre mezzo secolo di legislazione, mirata a favorire l'integrazione, risulta dai dati ISTAT che su un numero stimato di 2 milioni e 800 mila persone con disabilità, solo il 17,4 % di quelli in età lavorativa (555mila) risulta essere occupato, a fronte di un 98% dei disoccupati, che dichiara di voler trovare un impiego qualora esistessero le condizioni adeguate[18].

---

[18] www.handicapincifre.it

31

Per quanto riguarda l'accesso degli alunni disabili alle strutture scolastiche, i dati rivelano che il 23,8 % delle strutture sono dotate di servizi igienici a norma e il servizio di trasporto degli alunni con handicap è presente solo nel 15% degli istituti.

Dobbiamo quindi constatare che le finalità positive sul piano dei buoni propositi spesso non hanno trovato significativi riscontri sul piano dei risultati.

Le città in cui viviamo sono costellate di edifici di vecchia costruzione e i mezzi pubblici rappresentano troppo spesso un ostacolo troppo grande alla mobilità dei cittadini disabili. Si evince, che la società in cui il disabile vive, è ancora troppo stretta, con troppe strade precluse, con un livello di integrazione concreta ancora troppo basso se si guardano le cifre. Un mondo quindi, ancora troppo difficile e scomodo nel quale potersi muovere.

1. Una prospettiva di crescita verso l'autonomia del disabile

Il compito di costruire un'autonomia, spetterà innanzitutto alle figure genitoriali, successivamente alla scuola e poi ancora ai centri, ai cui educatori vengono affidati i bambini. Essi devono eseguire un'attività di recupero, di osservazione e di orientamento ben mirate nell'educare il soggetto all'autonomia personale.

Definiamo infatti l'orientamento un processo che pone al centro lo sviluppo completo della persona, la cosiddetta "crescita o realizzazione del sé", nella consapevolezza della sua identità. Nell'orientamento sono dunque chiamati in causa concetti rilevanti: sviluppo della persona, crescita del sé, identità. Il processo di crescita e di maturazione si realizza, inoltre, secondo le teorie più comunemente impiegate nell'orientamento, attraverso lo sviluppo del l'autostima, della motivazione e dell'autoefficacia. Usando altri termini, si potrebbe dire che questi obiettivi sono la conseguenza di un potenziamento della funzionalità dell'individuo, sia in senso oggettivo, sia nel senso della percezione soggettiva.

L'autostima è, infatti, la valutazione riguardante l'immagine di sé e deriva dai sentimenti del soggetto nei confronti di se stesso inteso in senso globale; essa scaturisce dalla combinazione tra i pensieri e i sentimenti che definiscono il concetto di sé, con il giudizio di valore che ne risultano associati e concretamente si esprime nel valore positivo o negativo che la persona generalmente si attribuisce.

L'autostima nell'individuo si costruisce offrendogli la possibilità di investire sui "punti forti", ottenendo rinforzi positivi e gratificazione. Ciò però è possibile solo se il contesto in cui l'individuo è inserito gli consente tale investimento, non ponendolo di fronte a compiti inadatti al livello delle sue competenze. Nel caso dei disabili, il processo che conduce all'autostima passa in primo luogo per il superamento della dipendenza, consistendo infatti nel cammino verso l'autonomia. Nel complesso intreccio dei fattori umani, l'autostima è causa e conseguenza della motivazione, spinta e sostegno dell'agire umano.

Abbiamo conosciuto diverse teorie esplicative della motivazione, da quella fondamentale di Maslow, sulla gerarchia dei bisogni umani che dalla soddisfazione dei bisogni fisiologici giunge fino a quelli superiori e culmina con l'autorealizzazione, alla teoria di Lewin sulla "motivazione a riuscire", giocata sulla attesa di successo o di insuccesso. Non ultima la teoria – per sintetizzare parecchio- di C.S. Dweck, che si è preoccupata di approfondire le due componenti della "motivazione a riuscire" (successo e insuccesso) denominando la prima "padronanza", la seconda "impotenza" ed elaborando l'interessante proposta della "percezione di autoefficacia". In quest'ultimo ambito, la teoria evidenzia che il ruolo primario della persona consta nella costruzione e nello sviluppo degli eventi, e che in tale determinazione delle proprie azioni sono basilari il sentimento di autoefficacia, l'aspettativa di risultato e gli scopi personali.

Consideriamo, in primo luogo il sentimento di autoefficacia. Per autoefficacia si intendono le opinioni che il soggetto si è formato circa le proprie possibilità e capacità, opinioni determinate da molteplici eventi trascorsi: successi ed insuccessi, il fatto che i coetanei appartenenti al medesimo gruppo di riferimento affrontino più o meno efficacemente le medesime situazioni, la quantità di fiducia nutrita nei confronti delle proprie possibilità di determinare il successo con impegno e abilità personali. Elevate credenze di efficacia stimolano l'individuazione di obiettivi di cambiamento: "posso fare qualcosa"; scarse credenze di efficacia inibiscono l'individuazione di obiettivi: "non posso riuscire a fare". Al sentimento di autoefficacia sono strettamente collegate le aspettative di risultato. Esse indicano l'autovalutazione dei risultati che una persona prevede di ottenere, tramite il proprio comportamento, affrontando un dato compito. Le aspettative di risultato sono direttamente proporzionali al costrutto dell'autoefficacia, in quanto i risultati attesi dipendono in larga misura dalle credenze, o dalle ipotesi di efficacia e di efficienza che si associano alle proprie possibilità ed attività. Vediamo che, in tale prospettiva, è marcato il riferimento alla performance. Tuttavia, un approccio all'orientamento basato sulla performance e sulla sua percezione da parte del soggetto, potrebbe sfavorire il percorso di un individuo con disabilità, aprendo a una logica meramente riabilitativa, dal momento che focalizza successi e insuccessi sulle sue capacità "oggettive". In genere, infatti, si rischia di ritenere che sia la disabilità a definire le aspettative di risultato del soggetto disabile e, che entro questo dato oggettivo, si possano definire i percorsi futuri. Ciò è senz'altro vero, ma sappiamo anche che le cose non sono così semplici. Come diceva Adolf Ratzka, parlando del Movimento per la vita indipendente, la questione da porre è la seguente: "Non posso prendere l'autobus cittadino perché ho avuto la polio trenta anni fa o perché gli autobus cittadini non sono accessibili a tutti?" E continuava: "Finché penseranno che il problema stia in me, non avremo autobus accessibili". Su un altro piano, l'ICF pone la medesima questione, quando definisce la capacità di esecuzione dei compiti come una relazione fra elementi funzionali e opportunità del contesto ambientale. Se le opportunità del contesto ambientale sono importanti per tutti, divengono essenziali per gli individui con disabilità, la cui autonomia dipende proprio dalla capacità dell'ambiente di rispondere ai loro bisogni particolari.

Allora possiamo ragionare secondo i bisogni primari dell'adolescente con disabilità, che sono appunto l'autonomia, il bisogno di normalità e il desiderio di costruire un presente e un futuro (un futuro da poter sognare) che si avvicinino a quelli degli altri. Gli operatori dell'orientamento costruiscono la consapevolezza dell'identità e una prospettiva di crescita verso l'autonomia e, per quanto possibile, verso l'inserimento a pieno titolo nel mondo del lavoro, dall'altra il territorio offre le risorse adeguate a tale processo di costruzione del Sé e di sviluppo personale. Ma, solo sulla carta il cerchio si chiude.

3. Attività motoria ed autostima

Spesso la famiglia tende a mantenere l'individuo disabile in uno stato di dipendenza, anche sostituendosi a lui in alcune situazioni, scoraggiando in tal modo l'autonomia e quindi la rispettiva scoperta delle proprie potenzialità ,sia a livello fisico che psicologico.

L'avviamento dell'attività motoria, per questi bambini, riveste un ruolo di primaria importanza, anche per quanto riguarda lo sviluppo psicologico e la progressiva conquista dell'autonomia.

Innanzitutto, la pratica sportiva genera la necessità di allontanarsi fisicamente dal nucleo familiare, favorendo la prima separazione fisica dalla figura materna, in secondo luogo, in palestra, in piscina, in un campo da gioco o in qualunque altro spazio deputato a questa attività, il bambino avrà l'opportunità di relazionarsi anche con il mondo esterno: istruttori, gruppi ed altro, oltre che con il proprio mondo interno, integrando le capacità o le goffaggini con la scoperta di nuove possibilità che contribuiscono all'accettazione di sé.

Craft e Hogan (1985) a tale proposito, individuano, durante il processo di maturazione e sviluppo degli individui disabili la possibilità di favorire, tramite l'attività motoria, i sentimenti di successo e di valore personale. Questa finalità si ricollega a due importanti concetti teorici: il senso di efficacia personale (self efficacy) ed il concetto di sé.

La *self efficacy* rappresenta la condizione di essere o meno capaci di mettere in atto con esito corretto un certo comportamento richiesto; condiziona la decisione di iniziare o meno un'attività, la quantità di sforzo impiegato e il grado perseveranza nell'impegno (Bandura 1977).

Il concetto di sé si riferisce, invece, a ciò che in termini oggettivi, una persona sente e pensa di sé stesso.

I due aspetti sono correlati, così che il cambiamento nell'uno può determinare un cambiamento nell'altro.

Alcuni studiosi come Viviani, Bortoli, Robazza e Casagrande hanno messo in luce, in un gruppo di preadolescenti significative correlazioni, nell'ambito della motricità, fra il senso di efficacia personale e il concetto di sé.

Persy, Dziuban e Martin (1981) hanno riscontrato come un incremento delle capacità di resistenza, ottenuto mediante un programma sistematico di corsa (3 volte alla settimana, per 3 settimane), fosse in grado di determinare significativi miglioramenti nel concetto di sé di ragazzi dai 10 – 11 anni. In particolare, per soggetti con difficoltà di tipo cognitivo, attraverso lo sviluppo di competenze atletiche e l'acquisizione di abilità possono dare un deciso contributo ad una migliorata immagine di sé.

Molti soggetti, del tutto indipendenti dai genitori o dagli operatori sanitari, nel corso dell'attività motoria in piscina o in palestra hanno imparato a spogliarsi, rivestirsi, a curare l'igiene personale, ad allacciarsi le scarpe, ma hanno anche imparato a confrontarsi con gli altri in termini agonistici, a cooperare con i compagni nei giochi di squadre, a gestire, insomma, in termini corretti, le relazioni interpersonali.

Nel panorama educativo del disabile deve essere recuperata la dimensione corporea delle attività, che sia finalizzata all'educazione del movimento e all'educazione attraverso il movimento. Il recupero riguarda la valorizzazione del corpo come mezzo di espressione di emozioni, di sentimento, di stati d'animo.

L'intervento educativo deve essere mirato a correggere le turbe psico-motorie, che vanno individuate nell'instabilità psico-motoria, nella goffaggine dei movimenti, nella scarsa coordinazione, nell'imperfetta dominanza laterale, nella deficiente strutturazione spazio-temporale e nella insufficiente conoscenza del proprio corpo.

La Psicomotricità può offrire molto in tale ambito, potrebbe il psicomotricista essere un "enzima", un facilitatore dello sviluppo del bambino che attraverso l'interazione di gioco lo guida nel passare "dall'essere un corpo al riconoscersi come corpo".

Per l'istruttore è fondamentale utilizzare strategie e strumenti adatti che portino gradualmente l'individuo a superare o ridurre situazioni di conflitto prolungato con la realtà o con le esigenze di un ambiente non conforme ai suoi bisogni, offrendogli una base di sicurezza al di fuori di ogni minaccia, pregiudizio, condanna o rifiuto, che è in effetti la condizione indispensabile perché le esperienze possano essere vissute realmente.

L'educazione motoria, che può sfociare, anche per lui, in attività sportiva, è il mezzo ideale per stimolarne lo sviluppo anatomo-fisiologico, per favorire lo sviluppo dell'intelligenza operativa, per acquisire il dominio emozionale e la formazione del carattere, per facilitare l'affermazione di sé, la relazione e il confronto con gli altri. Attraverso un razionale impiego di attività motorie-sportive si può giungere all'eliminazione dei fattori perturbanti più frequenti del comportamento sociale (autoaggressività, eteroaggressività, inibizione, isolamento, marginalità sociale, ecc.) ed alla formazione dell'attitudine personale di fronte allo sforzo, evitando gli estremi della passività, dell'instabilità e dell'impulsività disordinata.

L'attività motoria e sportiva, rivolta agli alunni disabili, sempre in un contesto di integrazione, viene vissuta da loro come un momento di conquista di autonomia personale e di gratificazione per il miglioramento dell'autostima, mentre per un alunno normodotato diviene opportunità di arricchimento interiore e stimolo per superare i pregiudizi e i preconcetti.

L'attività motoria diventa, così, un elemento importante per favorire lo sviluppo delle potenzialità dell'alunno disabile, rendendoli consapevoli delle possibilità di movimento del corpo umano, introducendoli a nuove esperienze senso percettive e motorie. Gli obiettivi di una attività motoria sono:

Far conoscere giochi, attività ludiche mirate e avviare alla pratica sportiva come momento di conquista di autonomia personale

- Raggiungere una buona autonomia nello spogliatoio e nell'ambiente circostante

- Elaborare un graduale passaggio dalla non conoscenza del proprio corpo all'elaborazione dello schema corporeo

- Raggiungere un buon grado di equilibrio, coordinazione e lateralità

- Percepire meglio il proprio corpo, attraverso l'integrazione e l'elaborazione delle esperienze motorie e percettive

- Utilizzare l'intervento motorio e sportivo come funzione primaria per l'integrazione sociale del disabile

- Partecipare ai giochi di avviamento alla pratica sportiva, accettando le regole, collaborando con i compagni.

Capitolo IV

LA PSICOMOTRICITA' COME INTERVENTO EDUCATIVO PER LE DISABILITA, IN PARTICOLARE NEI RITARDI MENTALI.

1. La Psicomotricita': ieri ed oggi

Il termine psicomotricità assume il suo pieno significato solo in tempi che si possono definire storicamente recenti. La psicomotricità, infatti, è giovane. La prima apparizione del termine in forma aggettivata, cioè il termine "psicomotorio", si fa risalire intorno al 1870 per dare un nome a delle regioni della corteccia cerebrale vicine alle aree propriamente definite motorie, laddove s'ipotizzava avvenisse l'unione, ancora piuttosto misteriosa, tra il movimento e l'immagine mentale.

In seguito il termine "psicomotorio" vide crescere la sua fortuna soltanto intorno al 1900 ,quando Tissié enunciò la sua concezione di educazione fisica collegandola a quei concetti che erano stati scoperti in precedenza. Tissié avviò i suoi studi e le sue ricerche partendo da una critica alla ginnastica che era proposta alla fine del 1800, seguendo un progetto educativo che a quei tempi volle il suo governo e che era realizzato da un colonnello.

E' facile immaginare anche di quale ginnastica si trattasse: era assolutamente finalizzata all'irrobustimento muscolare, alla prestanza fisica, alla forza e alla formazione del carattere e utilizzava un metodo che era definito con due aggettivi: "atletico e acrobatico". Tissié a quel tempo, ebbe il grande merito di affermare la necessità di abbandonare questo modello di educazione fisica,di tipo militare, per seguirne uno più scientifico. Il suo progetto pedagogico si fondava sul principio del rapporto intimo che esiste tra pensiero e movimento, per effetto dei legami che uniscono cervello e muscoli.

Nella prima metà del '900, Guilmain trasferì sul piano educativo le idee di Dupré e Wallon, riguardo alle concordanze che esistono tra motricità e intelligenza e motricità e carattere. Già da allora Guilmain ideò un vero e proprio metodo rieducativo, i cui obiettivi erano di rieducare l'attività tonica, cioè l'attività del tono muscolare, quindi le posture, l'equilibrio e la mimica facciale. Uno dei principi su cui si basava questo metodo era stimolare l'attività di relazione tramite il gioco. Questa era la grande novità: nessun'ancora aveva mai pensato a far ginnastica per stimolare delle relazioni, per poi sviluppare la padronanza motoria. Il suo metodo oggi è criticabile, ma resta comunque il primo modello d'intervento determinato con obiettivi e finalità specifici.

Nel periodo tra il secondo dopoguerra e i primi anni '70, un notevolissimo impulso alle pratiche psicomotorie fu dato da un grande neuropsichiatra: Julien de Ajuriaguerra, soprattutto in ambito terapeutico. Il suo "Manuale di psichiatria del bambino" un testo validissimo ancor oggi, è un'opera teorica - metodologica che costituisce la prima "carta" della psicomotricità o più propriamente della "terapia psicomotoria". In quest'opera, Ajuriaguerra sostiene che la sindrome psicomotoria non va considerata in corrispondenza ad una lesione cerebrale ma legata, ecco la grande novità, all'affettività e al soma allo stesso tempo. Quindi Ajuriaguerra, proclama già l'unità psicosomatica prendendo in esame la persona tutta intera, nella sua completezza di psiche e corpo. Afferma, inoltre, che la strutturazione del movimento e della tonicità avviene attraverso rapporti molteplici, con implicazioni senso-percettive e affettive, insistendo inoltre sul ruolo della funzione tonica e motoria nelle attività di relazione.

Dal 1970 a oggi, in questo breve ma fondamentale periodo per la psicomotricità, si assiste a un ampliamento dei riferimenti scientifico - culturali che stanno alla base di questa disciplina. La teoria psicomotoria fa sempre più riferimento alla psicologia, alla psicoanalisi, all'etologia e ai numerosissimi studi sulla comunicazione non verbale. Questo interesse crescente verso altre discipline fa sì che la psicomotricità integri apporti, provenienti da quelle stesse discipline. In questo periodo nascono, si rafforzano e si definiscono molte pratiche psicomotorie educative. La Francia è la culla della psicomotricità. In Francia la psicomotricità si è espressa attraverso diverse "scuole", come quella di Aucouturier, Lapierre, Vayer, Le Boulch, per citarne alcune. Bernard Aucouturier e André Lapierre - che hanno lavorato e scritto insieme negli anni "70 e che da molto tempo lavorano autonomamente hanno dato origine a due diverse scuole psicomotorie, le più note e le più introdotte anche in Italia. Bernard Aucouturier ha ideato la "Pratica Psicomotoria" i cui fondamenti teorico-pratici sono esplicitati nel suo testo di recente pubblicazione "Il metodo Aucouturier – Fantasmi d'azione e Pratica Psicomotoria". L'iniziale concezione psicomotoria di questi due importanti Autori parte da un corpo organico e meccanico composto di ossa, muscoli, leve ossee, alle quali si chiedono soltanto un funzionamento corretto e un rendimento fisico ottimale. Era il concetto di base dell'educazione fisica e sportiva e, soprattutto, purtroppo, della concezione medica.

Dal 1970 a oggi, in questo breve ma fondamentale periodo per la psicomotricità, si assiste a un ampliamento dei riferimenti scientifico - culturali che stanno alla base di questa disciplina. La teoria psicomotoria fa sempre più riferimento alla psicologia, alla psicoanalisi, all'etologia e ai numerosissimi studi sulla comunicazione non verbale.

Il fatto, che i primi tentativi di psicomotricità siano stati in Italia come all'estero, per favorire la maturazione dei bambini portatori di handicap psicofisici,

[19] F. Gomez, *Corporeità ed emozioni*, Alfredo Guida Editore, 2004, p.44

non toglie ovviamente nulla alla validità di questa disciplina che si sta rilevando uno strumento educativo essenziale per tutti[19].La psicomotricità oggi è il risultato di una convergenza di idee e di pratiche riunite nello stesso luogo: *IL CORPO*, nei suoi aspetti senso-motori ed emozionali.

La pratica psicomotoria si fonda a partire dal concetto che il bambino possiede un canale preferenziale per l'espressività e l'evoluzione: il movimento, e quindi prima di tutto il gioco spontaneo. Innato e universale, il gioco è il mezzo per eccellenza a disposizione del bambino per scoprire se stesso e il mondo.

La possibilità di poter giocare e muoversi in libertà, di sentirsi sicuro e accettato, è per il bambino il terreno ideale per esprimere tutto il suo potenziale creativo, raccontarsi agli altri nella sua unicità e stabilire un rapporto positivo ed equilibrato con se stesso e con tutto ciò che lo circonda.

Ripropone il corpo come snodo delle relazioni, della storia naturale che ci connette tutti, affinché ogni educazione riconsegni sempre ogni mente al proprio corpo, e tutte e due al mondo. E' una ricerca pratica che parla di un corpo che sente e agisce.

In questo modo vengono ribaditi i campi di interesse ed esercizio della Psicomotricità, intesa come disciplina clinica, in grado di supportare interventi che si estendono dall'educazione alla prevenzione, alla presa in carica riabilitativa e/o psicoterapeutica[20].

2. Ritardo mentale

Che cos'è

---

[20] M. Vecchiato, *Il gioco psicomotorio*, Armando Editore, 2007, p.16

Oggi si preferisce usare la definizione di "ritardo mentale" piuttosto che di "insufficienza mentale" (definizione che comunque compare ancora nelle diagnosi), poiché quest'ultima dà l'idea di un punto di arrivo , di qualcosa di definitivo, di una "insufficienza" appunto, mentre nel termine "ritardo" è implicita l'idea di una "recuperabilità"[21].

La caratteristica principale del **ritardo mentale** è rappresentata dalla presenza di un funzionamento intellettivo significativamente inferiore alla media a cui si accompagnano limitazioni significative nel funzionamento affettivo, sociale e scolastico del bambino o adolescente.

Si parla di ritardo mentale se l'esordio avviene prima dei 18 anni.

Come si manifesta

Solitamente un bambino con ritardo mentale giunge all'osservazione di uno psicologo o un neuropsichiatra infantile poiché manifesta una bassa capacità di adattamento (o funzionamento adattivo), cioè presenta una bassa autonomia personale (rispetto alla capacità di autonomia che di solito è prevista per la sua stessa fascia di età e per il gruppo sociale a cui appartiene) e non sa far fronte alle difficoltà che gli si presentano. Il funzionamento adattivo, tuttavia, può essere influenzato non solo dal quoziente intellettivo ma anche da altri fattori (es. fattori di personalità, altri disturbi mentali) che possono essere presenti nei soggetti con ritardo mentale. In base alla gravità del disturbo vi possono essere vari livelli di limitazioni nelle capacità di adattamento. Le aree che possono essere interessate

---

[21] D. Di Giacomo e D. Passafiume, *Ritardo mentale e autonomia cognitivo comportamentale*, Ed. Franco Angeli, 2004, p.13)

sono: la cura della persona, la comunicazione, la vita familiare, le capacità sociali e interpersonali, la capacità di provvedere a se stesso e alla propria salute, il profitto scolastico, il lavoro, il tempo libero, la sicurezza della propria persona e la capacità di utilizzare delle risorse nella comunità.

La caratteristica principale del ritardo mentale rimane, tuttavia, la presenza di un funzionamento intellettivo significativamente al di sotto delle abilità (es. abilità di ragionamento) ritenute adatte per una data età. Il funzionamento intellettivo viene chiamato quoziente di intelligenza (QI o equivalenti del QI) ed è valutato tramite l'uso di uno o più test di intelligenza standardizzati che sono somministrati al bambino individualmente (es. Scala di Intelligenza Wechsler per i Bambini - III Ed. e Stanford Binet - IV Ed.).

Il ritardo mentale di solito viene considerato come il risultato finale di vari processi disfunzionali che agiscono sul funzionamento del sistema nervoso centrale.

Il ritardo mentale può essere: lieve, moderato, grave, profondo e ritardo mentale non altrimenti specificato (N.A.S.).

Ritardo mentale lieve (QI compreso tra 50 e 70)

Rappresenta la maggioranza dei ritardi mentali (85%). Da un punto di vista educativo viene definito "recuperabile". I bambini affetti da un ritardo mentale lieve sviluppano competenze sociali e comunicative in età prescolare, hanno modeste difficoltà nell'area sensomotoria e spesso non sono distinguibili dagli altri coetanei fino ad un'età superiore. Riescono a raggiungere facilmente la quinta elementare ed un livello di apprendimento corrispondente alla prima e alla seconda media. Da adulti, di solito, riescono a badare a se stessi, ma possono necessitare di un aiuto e di una guida in situazioni inusuali.

Ritardo mentale moderato (QI compreso tra 35/40 e 50/55)

Rappresenta il 10% circa dei ritardi mentali. La maggior parte dei soggetti acquisisce competenze comunicative nella prima infanzia e, con moderata supervisione, è in grado di badare a sé. Trae giovamento da un insegnamento per competenze sociali e occupazionali, ma difficilmente arriva ad un apprendimento superiore alle prime classi elementari. Durante l'adolescenza, a causa delle difficoltà incontrate nel riconoscere ed accettare le convenzioni sociali, i soggetti con ritardo mentale moderato possono avere difficoltà nei rapporti con i coetanei. Da adulti possono svolgere lavori semplici in comunità protette.

Ritardo mentale grave (QI compreso tra 20/25 e 35/40)

Rappresenta il 3-4 % dei ritardi mentali. I soggetti con ritardo mentale grave raggiungono un linguaggio molto approssimato o non lo raggiungono affatto. Nella scuola dell'obbligo possono imparare a parlare e a svolgere compiti elementari, come apprendere l'alfabeto e contare. Da adulti possono essere in grado di svolgere attività semplici in strutture strettamente supervisionate.

Ritardo mentale profondo (QI uguale a 20/25)

Rappresenta circa l'1-2% dei ritardi mentali. La maggior parte dei soggetti con questo tipo di ritardo mentale presenta malattie neurologiche non identificate. Nella prima infanzia possono migliorare le funzioni senso-motorie, specie se inseriti in gruppi altamente strutturati con supervisione costante.

Ritardo mentale non altrimenti specificato (N.A.S.)

Comprende quei bambini con deficit multipli di cui è difficile valutare il livello di insufficienza mentale, presumibile soltanto attraverso l'osservazione esterna.

Il decorso del disturbo dipende dalla gravità, dalle cause e dal modello operativo di intervento. Soprattutto in presenza di ritardi mentali di entità lieve, l'intervento precoce risulta fondamentale per consentire un recupero maggiore delle funzioni deficitarie. I problemi di adattamento sono i più soggetti a miglioramento.

Non esiste un assetto di personalità tipico del ritardo mentale. Alcuni bambini sono passivi, placidi e dipendenti, mentre altri possono essere aggressivi e impulsivi; ciò capita soprattutto se il bambino non parla, per cui l'impulsività sostituisce le performance comunicative.

Come riconoscere il ritardo mentale

Le capacità cognitive del soggetto vengono valutate e stimate tramite l'utilizzo di test di intelligenza.

La diagnosi e la scelta del test da utilizzare sono effettuate da personale specializzato (psicologi dell'età evolutiva e neuropsichiatri infantili) in relazione ai seguenti fattori: estrazione socio-culturale, sviluppo linguistico, handicap comunicativi, motori e/o sensoriali riscontrati nel bambino o nell'adolescente.

Per poter affermare che quel bambino o adolescente è affetto da ritardo mentale occorre che siano rispettate alcune condizioni:

- le **funzioni intellettive** devono essere significativamente inferiori o uguali ad un quoziente intellettivo (QI) con valore inferiore a 70; nei lattanti, invece, la valutazione delle funzioni intellettive è effettuata mediante il giudizio clinico;

- una compromissione significativa in alcune aree che riguardano la capacità di adattamento del bambino (es. la cura della persona, la comunicazione, la vita familiare, le capacità sociali e interpersonali, la capacità di provvedere a se stesso e alla propria salute, il profitto scolastico, il lavoro, il tempo libero, la sicurezza della propria persona e la capacità di utilizzare delle risorse nella comunità);

- l'età di insorgenza deve essere collocabile nella fascia 0-18 anni.

Gli studi scientifici indicano che soggetti affetti da ritardo mentale manifestano la presenza concomitante di altri due o più disturbi in misura tre o quattro volte più elevata rispetto alla popolazione generale. Più frequentemente, con il ritardo mentale si riscontra la presenza del disturbo da deficit di attenzione ed iperattività, dei disturbi dell'umore, dei disturbi pervasivi dello sviluppo, dei disturbi da movimenti stereotipati e di altri disturbi mentali dovuti a condizioni mediche (ad es. traumi che sfociano in demenze).

Alcune manifestazioni presenti in questo tipo di disturbo, infine, si possono ritrovare anche in altre patologie; ad esempio il ritardo mentale grave e medio può presentare degli aspetti in comune con *i* disturbi generalizzati dello sviluppo (es. disturbo autistico, sindrome di Asperger), mentre il ritardo mentale lieve potrebbe essere confuso con un disturbo dell'apprendimento. È, quindi, necessario rivolgersi a persone competenti che possano fare una diagnosi seria

ed accurata.

Capitolo V

EDUCAZIONE MOTORIA: PROGETTO DI EDUCAZIONE PSICOMOTORIA

1. L'esperienza svolta presso il C.S.E. Metafelix

Il Centro "Metafelix" svolge dal 1993 attività di recupero e cura della disabilità, formulando un approccio che si prenda cura dell'individuo in modo globale.

Presso il centro Metafelix si propongono varie attività: Logopedia, Musicoterapia, Comunicazione Facilitata, Psicomotricità, Terapia Occupazionale, Riabilitazione, escursioni guidate, Pet therapy, ecc..

Tra tutte queste attività se ne prende in considerazione una, che sia adatta a proporsi come obiettivo principale la graduale conquista dell'autonomia da parte del soggetto disabile. Visto che, ogni piccola autonomia migliora la qualità della vita anche nei casi di handicap, si deve cercare di raggiungere il massimo grado di autonomia consentito dalle potenzialità e capacità del soggetto. Per apprendere le abilità che riguardano l'autonomia personale servono essenzialmente tre grossi requisiti:

- una buona motricità (movimenti globali di tutto il corpo, movimento fine delle mani e coordinazione dei movimenti);

- possesso di concetti inerenti l'attività (sapere cos'è, cosa fa, a cosa serve);

- sufficiente livello di orientamento (dove si trova e rispetto a cosa).

Se per esempio un individuo vuole imparare a pettinarsi deve saper effettuare certi movimenti (impugnare il pettine, coordinare i movimenti della mano e del braccio), possedere certi concetti (sapere cosa fa il pettine, come è fatto, cosa significa pettinarsi) e sapersi orientare (pettinarsi secondo la direzione giusta non tralasciando delle zone).

In vista di ciò, sentita l'equipe dell'associazione, si propone un'attività psicomotoria di gruppo che si configurerà come ulteriore laboratorio all'interno delle varie proposte educative che il centro, quotidianamente, offre ai suoi utenti.

Dopo aver eseguito gli esami psicomotori, in sede individuale, si procede stendendo il progetto educativo-terapeutico, evidenziando gli obiettivi che ci si propone di raggiungere attraverso l'uso di tecniche o strumenti specifici. Nell'esperienza, alla quale ho partecipato e condotta con professionisti, è stato proposto un progetto di gruppo.

Essendo inserita in una struttura di tipo educativo, gli obiettivi generali sono stati individuati secondo un'ottica di tipo educativa.

Ma cosa significa fare psicomotricità a livello educativo con soggetti dove è evidente una presenza di disturbi psicomotori? Diciamo che il principale obiettivo è stata la possibilità di fornire un'esperienza piacevole e diversa, dove poter entrare in relazione con il proprio corpo.

In via generale, attraverso un intervento psicomotorio di gruppo composto anche da adulti affetti da insufficienza mentale, svolto all'interno del centro educativo, ci si può porre i seguenti obiettivi:

- offrire ai soggetti delle occasioni per vivere appieno la relazione, anche e soprattutto corporea, con l'altro

- offrire ai soggetti delle occasioni per usare e sentire il proprio corpo in relazione con sé stessi e con il mondo esterno, affinché possano percepirsi come corpo capace e desiderante di agire in situazioni piacevoli. Spesso l'insufficiente mentale è legato alla realtà con abitudinarietà limitandosi a sperimentazioni nuove e diverse espressioni corporee e posturali.

Il progetto dovrà considerare un lavoro di rassicurazione e rinforzo delle capacità corporee, della motricità di base e fine, attraverso proposte, sia in spazi ampi che in campi operativi ridotti, per recuperare l'identità che il soggetto tende a perdere facilmente e rinforzare una richiesta diretta che può produrre ansia e confusioni e quindi riconfermare le sue incapacità.

La psicomotricità deve infatti operare in modo che il soggetto possa conoscere il desiderio fino a farlo evolvere come tensione al fare e al cercare.

Per quanto riguarda la mia esperienza personale avutosi, all'interno del C.S.E., ho individuato un caso specifico di un soggetto affetto da encefalopatia prenatale con ritardo mentale medio-grave. Esso è residente nel convitto della struttura. Nel rispetto della privacy adotterò un nome fittizio: Adelaide, e riporterò qui sottostante i dati identificativi e gli aspetti generali che la riguardano.

2. *Il soggetto specifico coinvolto nel progetto psicomotorio*

Adelaide è nata nel luglio del 1989 a Pomigliano D'Arco (NA). Si ricovera presso il centro nell' aprile del 2008, con il consenso dell'ASL di appartenenza, per incapacità della famiglia a favorire un processo educativo finalizzato all'acquisizione delle autonomie principali.

Nome e cognome: Adelaide

Età: 23 anni

Indirizzo e familiari : è affidata al centro dal 2008 ed attualmente è orfana di genitori.

Diagnosi medica e psicologica di entrata (acquisizione di tali dati presso l'archivio della struttura ospitante)

Aprile 2008: quadro clinico caratterizzato da ritardo mentale medio-grave e da crisi epilettiche ricorrenti con anomalie comportamentali e con ricorrenti periodi di agitazione psicomotorie finalizzate ad autolesionismo. Si consiglia di migliorare la motricità fine per ottimizzare le prassie specifiche per l'autonomia.

Giugno 2008: sembra trascorsa la fase di forte chiusura ed apatia che la paziente ha attraversato per qualche mese con gravi ripercussioni nello svolgimento di tutte le attività quotidiane. Attualmente Adelaide vive sicuramente un periodo positivo, sotto tutti gli aspetti. Ritornato l'appetito, regolarizzato il ritmo sonno-veglia, riesce a vivere adeguatamente le varie tappe della giornata, condivide con i compagni il momento dei pasti alimentandosi autonomamente ed adeguatamente con le posate. Partecipa ai momenti di autonomia personale lavandosi i denti, viso, mani da sola e collaborando durante la vestizione. Continua il lavoro di gruppo con i laboratori di T.O. (terapia occupazionale) e di Psicomotricità, dove si nota una notevole partecipazione e maggiore interesse nelle varie attività. Permangono i problemi di attenzione limitata e scarsa memoria, ovviamente il lavoro finito non corrisponde alla consegna data, ma è da considerarsi già un notevole successo per la volontà e l'impegno investiti.

Si continua il lavoro finora svolto per ottimizzare i risultati ottenuti cercando di raggiungere obiettivi sempre più mirati.

Maggio 2012: quadro clinico caratterizzato da ritardo mentale di grado medio e da crisi epilettiche ricorrenti. Deficit nell'elaborazione del pensiero astratto e delle competenze logico-matematiche (come è visibile dalla scheda di valutazione SVAP del Ottobre 2011).

Deficit delle funzioni neuropsicologiche, non orientata affatto nel tempo e poco nello spazio.

Linguaggio verbale presente ma ipostrutturato, ecolalico e spesso non contestuale.

Autonoma e autosufficiente nelle A.V.Q. (attività di vita quotidiana) di primo livello. Completamente dipendente sul piano sociale, per quanto riguarda la sfera relazionale appare predisposta allo scambio con gli altri ospiti e le figure di riferimento.

Obiettivi proposti

- *Breve termine*: stimolare e rinforzare il mantenimento delle autonomie personali presenti

- *Medio termine*: allungare i tempi di partecipazione e attenzione con diversi laboratori di Terapia Occupazionale e di *Psicomotricità*

- *Lungo termine*: contestualizzare apprendimenti in ambito sociale.

Atteggiamento dei familiari/operatori

Adelaide è orfana di genitori. Sembra non ricevere più visite da qualche anno da parte di altri familiari, tranne dal proprio tutore.

Al centro gli educatori tendono a coccolarla, a richiamarla solo nei momenti di forte impulsività e invadenza che ha nel chiedere continuamente.

Aspetti generali

Morfologia

Adelaide appare leggermente in sovrappeso, di altezza media, con carnagione chiara ed occhi scuri. L'abbigliamento è curato, e porta i capelli corti poiché indossa spesso un copricapo (per infortuni da eventuali crisi epilettiche).

Mimica

Adelaide ha una mimica facciale molto espressiva , in alcuni casi molto dolce ed attiva.

Sguardo

E' molto attento, soprattutto in situazioni e posti nuovi, prestando attenzione anche alle azioni dei compagni.

Emotività

Risulta essere molto emotiva. Dimostra le proprie emozioni con tutto il corpo, agitando le mani e battendosi dolcemente sul capo.

Reazioni di "Prestance"

Ha molte reazioni di "prestance": smorfie, tocchi sulla testa, ed è alla continua ricerca di oggetti nuovi da avere.

Comportamento

E' sempre disponibile, risulta simpatica e dolce, conosce le abitudini dei suoi amici e quando questi fanno qualcosa di sbagliato li ammonisce. Ama ballare, cantare e partecipare alle feste di compleanno organizzate nel centro. Adora guardare le immagini e colorare. Spesso per essere ascoltata ti prende il viso tra le mani e avendo un'indole dolce e affettuosa cerca il contatto corporeo con gli altri attraverso baci e abbracci. Per la sua irruenza e goffagine può a volte risultare "fastidiosa" per gli altri. Al nostro primo incontro il suo atteggiamento nei miei confronti è da subito molto positivo: mi sorride, mi fa cenno di avvicinarmi e mi vuole accanto durante i momenti delle varie attività quotidiane. Nel secondo incontro è lei stessa a venirmi incontro per abbracciarmi.

Nelle attività spontanee, tra tutti gli oggetti predilige i cerchi. Li utilizza in modo funzionale, anche se deve essere stimolata a farlo. Li mette in fila e ci salta dentro a piedi uniti. Li usa spesso come mediatori nella relazione, dandomi la mano per indurmi a saltare insieme a lei.

Dimostra una certa preferenza per le borse e zaini, anche se dopo un lasso di tempo se ne disfa cercandone sempre delle nuove. E' molto curiosa verso gli oggetti nuovi. Si avvicina con immediatezza, li tocca li osserva e se richiamata per la troppa invadenza li restituisce in modo remissivo.

E' affascinata dagli orecchini ma è consapevole di non poterli tenere perché alcuni suoi compagni potrebbero metterli in bocca ed ingerirli.

Fa collezione di giornali ma si lamenta del fatto che una sua compagna di camera li strappa, così li nasconde dimenticando poi completamente il luogo dove li ha custoditi.

Motivo della richiesta di esame

Gli operatori richiedono di offrire al soggetto un aiuto nel contenere le sue ansie (preoccupati soprattutto del fatto che sia soggetta a crisi di epilessia), e come si evince dagli obiettivi proposti le vogliono offrire la possibilità di esperienze nuove e rilassanti.

3. Il primo esame psicomotorio somministrato al soggetto

Dimostra una discreta coordinazione generale nei suoi vari segmenti sostenuta dallo sguardo. Sul piano dell'investimento dell'agito si presenta trattenuta fra il desiderio di agire e non agire. Il cammino appare abbastanza sciolto, la corsa, invece, risulta impacciata e come nella deambulazione si evidenzia lieve asimmetria a destra. Il salto a piedi uniti appare scarsamente funzionale; la realizzazione dello stesso avviene in maniera lenta e poco armonica con scarsa dissociazione dei movimenti sull'azione richiesta. La coordinazione oculo-manuale, in linee generali, appare organizzata in modo sufficiente, anche se, sul piano del movimento l'azione appare disarmonica. L'organizzazione della motricità fine appare scarsamente precisa e immatura sul piano funzionale; il tipo di prensione è a pinza media. Lo stato tonico si mostra teso o variabile a seconda delle situazioni emotive-relazionali.

In generale, a un lieve stato ipotonico di base presente nelle situazioni statiche, si alterna un aumento dello stato tensionale nell'attività volontaria.

Nel cammino all'indietro esegue un unico passo e poi procede in avanti senza rispettare la consegna.

L'equilibrio risulta valido nelle posture statiche e nel cammino, ma tende, a disorganizzarsi nelle attività quali corsa e il salto a piedi uniti. Nel cammino ad occhi chiusi, scarso l'equilibrio su un piede. Adelaide non riesce a camminare nè sulle punte né sui talloni. La corsa spontanea avviene per brevi tratti quando è particolarmente euforica.

Il ritmo nell'attività spontanea si mostra irregolare, con discreto impaccio nella realizzazione (in particolare dell'arto superiore sinistro).

Scarsamente risulta l'adattamento del ritmo battuto. L'organizzazione percettiva appare valido nel riconoscimento di solo pochi colori e nell'identificazione di oggetti; scarsa la conoscenza delle figure geometriche.

Sul piano prassico esecutivo è lievemente difficoltoso il ritaglio di figure con contorni irregolari.

Adelaide, inoltre, ha difficoltà a fare il fiocco e per le prassie costruttive realizza la torre ed effettua incastri.

Sufficiente, sul piano concettuale, la conoscenza dei concetti topologici (qui, la, sopra, sotto) ma risulta ridotta la relativa interiorizzazione nell'azione. Le distanze sono percepite in maniera confusa e parziale.

L'orientamento su di sé e nelle posture appare poco adeguato all'età cronologica.

L'organizzazione del disegno è di tipo tridimensionale. La consegna dei concetti temporali a livello mnemonico risulta valida, ma appare insufficiente la loro integrazione sul piano dei contenuti, e su quello dell'orientamento nella sua storia personale. L'adattamento al tempo di terapia risulta scarsamente adeguato (ha fretta di entrare e ha difficoltà nella separazione). Sul piano comportamentale presenta atteggiamenti piuttosto afinalistici e ripetitivi (nel comportamento spontaneo alterna situazioni in cui passa da un oggetto ad un altro a situazioni in cui rimane per lungo tempo sullo stesso oggetto o svolgendo la stessa attività). In alcune situazioni appare distraibile e si osservano stereotipie del movimento, come il dondolarsi in senso latero-laterale e lo sventolamento di un arto superiore. Variabili nel soggetto i tempi di attenzione. La conoscenza dello schema corporeo appare sufficiente in termini concettuali, con discreta indicazione degli elementi corporei su di sé e spesso disorganizzata sull'altro. Dall'organizzazione dello schema corporeo che si evince nel disegno dell'omino, sembra emergere una sufficiente integrazione degli elementi corporei.

L'immagine di sé, spesso si presenta frammentata e fa trasparire modalità di tipo egocentrico. L'azione mentale appare bloccata presentando dei tratti di tipo ossessivo (es. ripete la stessa domanda per molte volte anche se ha già avuto la risposta). Insufficiente il gioco simbolico, scarsamente strutturato il gioco del far finta. La conoscenza degli oggetti appare sufficiente sia sul piano concettuale che su quello delle funzioni. L'utilizzo spontaneo dell'oggetto si mostra prevalentemente di tipo funzionale con singole azioni che spesso si concludono in modo afinalistico.

Scarso l'uso creativo e trasformativo dello stesso. Scarsa l'area logico-matematica, non è in grado di compiere le semplici operazioni matematiche (come evidenziate dalla SVAP del giugno 2011).

Sul piano della grafomotricità è asimmetrica, con inclinazione del busto e del capo a sinistra. L'uso strumentale dell'arto destro appare discretamente organizzato, la prensione è a pinza media. L'uso strumentale dell'arto appare pensionale (soprattutto a livello del cingolo e del polso) che rallenta l'esecuzione con scarso controllo alla fine del tratto. Alquanto valida la comprensione per consegne situazionali. Nella relazione, lo sguardo è utilizzato in maniera variabile: in alcuni momenti sembra assente con uno sguardo fisso e afocale o periferico, in altri, quando fa delle richieste con modalità iterative o stereotipate (perché questo? Mi porti qualcosa?), lo sguardo appare fisso verso di me destando attenzione. Il contatto nella relazione si presenta sufficiente, con momenti in cui sembra fortemente cercare un contatto corporeo. La mimica nella relazione appare variabile e ciò sembra dipendere dalle situazioni e dallo stato emotivo: in alcuni momenti è rigida, in altri quando c'è un contatto fisico, appare più intensa e significativa.

Nella tecnica del rilassamento non riesce a mantenere gli occhi chiusi e a sdraiarsi comodamente sul materassino, infatti, durante la mobilizzazione passiva il suo sguardo è rivolto verso l'azione (come se la controllasse); durante ciò mostra un certo ipercontrollo degli arti con presenza di piccole scosse toniche e paratonie d'azione. Questi aumenti dello stato tensionale sono connessi probabilmente con la sua notevole difficoltà di rilassamento. Ho spesso difficoltà a farle eseguire questa prova perché quando tocco Adelaide, reagisce cercando di abbracciarmi con forza. La dissociazione appare inadeguata e difficoltosa nei momenti che coinvolgono gli arti superiori e inferiori.

La rappresentazione grafica, inoltre, si mostra scarsamente adeguata all'età cronologica. La prensione è a pinza media. Adelaide mostra sempre orgogliosamente i suoi disegni a tutti, prestando attenzione agli elogi degli altri.

Adelaide dimostra di conoscere i diversi oggetti psicomotori e di utilizzarli a livello relazionale, ma non a livello simbolico. Tra tutti gli oggetti predilige i cerchi o i cubi di gomma piuma sui quali si siede molleggiando. Nel gioco del "ferma musica" continua a camminare anche laddove si ferma la musica, non rispettando la consegna. Nei giochi a tavolino dimostra una buona memoria visiva, ma limitata nel tempo di ritenzione.

4. Strumenti, metodologie e finalità del programma di intervento

In relazione, a tutto ciò sopra osservato, si propone un programma di intervento Psicomotorio Funzionale che tenga conto dei seguenti obiettivi:

1. *__Indurre il soggetto all'uso globale del corpo, arricchire, rafforzare l'immagine di sé e l'indicazione degli elementi del corpo su di sè e sull'altro.__*

Ciò si propone attraverso giochi ed attività che permettono di sperimentare ed investire positivamente il corpo nella sua globalità, recuperando il piacere del movimento fine a se stesso, per poi successivamente focalizzarsi sul piacere legato al risultato prodotto.

Tra le attività che concorrono a livello psico-motorio alla conoscenza dello schema corporeo, abbiamo fatto in modo che Adelaide potesse toccare e riconoscere, in seguito a richieste, su di sé o sugli altri le varie parti del corpo. Muoverne una in particolare, far osservare gli arti fermi o in movimento, mantenere l'equilibrio su di una sola gamba, assumere posizione da seduta o sdraiata.

Ad Adelaide abbiamo affidato il lavoro di ricomporre il corpo umano rappresentato con illustrazioni tagliate in pezzi e comporre lo stesso completandolo con gli elementi corporei mancanti.

Per la coordinazione generale le attività svolte sono state:

➢ camminare lungo una linea tratteggiata per terra

➢ camminare su mattonelle distanziate tra loro senza cadere

➢ salire e scendere le scale

➢ lanciare la palla per terra, contro il muro, nel cesto e riprenderla,

➢ colpire un bersaglio.

Per la rappresentazione dello schema corporeo si è ritenuto importante:

➢ far disegnare ad Adelaide se stessa (con le principali parti del corpo)

➢ far acquisire maggiore sicurezza e padronanza nell'uso del proprio corpo da fermo e in movimento (con esercizi respiratori e danza)

➢ far prendere coscienza del proprio corpo negli spostamenti tempo-spazio. Si è invitati Adelaide ad assumere una precisa posizione rispetto ad alcuni oggetti presenti in palestra (sopra-sotto, dentro-fuori, davanti-dietro, vicino-lontano, alto-basso, destra-sinistra)

➢ favorire attraverso situazioni ludiche un migliore ed adeguato investimento dello spazio e attivare la curiosità, l'interesse per gli oggetti tramite l'esplorazione e l'uso creativo del materiale

2. *Stimolare e perfezionare anche un altro aspetto della motricità fine, quello manuale, favorendo sia l'utilizzo di utensili che di oggetti di piccole dimensioni (come i pezzi delle costruzioni), sia il perfezionamento della prensione con l'uso di matite, penne e pennarelli.*

Così, abbiamo affidato ad Adelaide esercizi che utilizzano rapporti spaziali elementari (vicinanza, separazione, ordine e inclusione) e il gioco simbolico. Per favorire la manualità e concorrere alla formazione tecnologico-operativo, abbiamo indotto Adelaide a:

➤ prendere dimestichezza con carta, scotch, spago, penne e pennarelli

➤ imparare l'uso di attrezzi e strumenti (spugna per pulire, le chiavi per aprire, la corda per tirare, tasto per accendere, ecc.). Abbiamo favorito con l'uso di questi ed altri materiali sopra citati l'indipendenza della mano e delle dita, affinato la prassia per l'osservazione di semplici operazioni (annodare uno spago, allacciare le scarpe, abbottonarsi, aprire un lucchetto, ecc.)

➤ realizzare semplici progetti di montaggio e smontaggio (con le costruzioni) ampliando il gioco costruttivo e confrontandosi con la propria capacità di fare associazioni (lunghezza, larghezza, peso, volume)

2. *Ridurre l'ansia e il timore connesso ad esperienze posturali e motorie non usuali*

Questo perché Adelaide tende a manifestare paratonia, tentativi di ipercontrollo visivo, rapido affaticamento e improvvisa impulsività.

Gli strumenti e le tecniche utilizzate sono:

- dialogo tonico (perché attraverso il tono muscolare si instaura un vero e proprio dialogo che parte proprio dal corpo)

- giochi con regole e turni (con il dado e nascondino)

- rilassamento: sono stati proposti giochi di rilasciamento della posizione retta,richiamando alcuni esercizi del metodo Soubiran. Si è poi passati alla posizione orizzontale sul materassone, considerata inizialmente particolarmente utile vista la difficoltà motoria di distendersi sul pavimento. Non è stata adottata una precisa tecnica di rilassamento, ma consapevole delle limitazioni cognitive di tali soggetti e della difficoltà di modulazione tonica che Adelaide ha dimostrato dal primo momento, si è proceduto attraverso delle esperienze di massaggi dolci, accompagnate da una semplice spiegazione verbale su cosa sarebbe successo in modo da rassicurare Adelaide.

Si è partito dall'uso di mediatori quali cuscini e i foulard, per poi passare al tocco diretto, ma mai invasivo.

E' stato, inoltre, sperimentato l'uso di sinfonie e ritmi piuttosto pacati e soffusi.

Abbiamo lavorato col piacere di muoversi liberamente nello spazio ed il piacere senso-motorio (il rotolare, l'arrampicarsi, il saltare, il correre, lo scivolare) per poter giungere alla percezione delle posizioni e posture assunte.

5. Valutazione Psicomotoria a distanza di 5 mesi

Ho deciso innanzitutto di approfondire, per quanto riguarda Adelaide, la valutazione delle sue abilità grosso-motorie, fini-motorie e abilità dello schema corporeo attraverso la somministrazione di Test specifici : il già citato SVAP (scheda di valutazione delle abilità padroneggiate),la scala Barthel e la scala Kadz.

La scelta è ricaduta su questo strumenti per 3 ragioni:

- sono i test più frequentemente utilizzati dal centro per valutare i propri pazienti annualmente;

- si tratta di Test specifici per le valutazioni delle abilità nel soggetto con ritardo mentale, più largamente utilizzati e diffusi;

- permettono una valutazione oggettiva non soltanto delle carenze, ma anche delle potenzialità e quindi delle aree delle singole abilità su cui strutturare un intervento più mirato.

I materiali impiegati per valutare le abilità grosso-motorie sono stati: una sedia, una palla, una scatola di cartone, un vassoio, una tazza di acqua, uno stereo con CD musicale.

Quelli per le abilità fini-motorie invece sono stati: cucchiai, bicchiere, pinze, bottiglia con tappo svitabile, cubi di legno, libri, fogli di carta, chiodini in plastica, plastilina e scatole con varie forme geometriche.

I materiali impiegati per valutare le abilità dello schema corporeo sono stati: una linea tratteggiata per terra, una palla, i cerchi, una lavagna, la sabbia, il materassone, la sedia, i foulard, i fogli con disegni o consegne, una benda per gli occhi, una coperta ed alcuni sgabelli.

Per le abilità grosso-motorie gli item che sono stati superati sono:

- *salire e scendere le scale senza nessun appoggio;*

- *camminare in avanti lungo una linea tratteggiata sul pavimento;*

- *camminare su mattonelle distanziate tra loro;*

- *saltare nei cerchi con i piedi uniti;*

- *lanciare la palla per terra e recuperarla;*

- *portare un vassoio in mano sulla linea tratteggiata;*

- *eseguire alla lettere dei piccoli passi di danza, seppur senza rispettare il ritmo del tempo e della musica.*

Gli item che non sono stati superati sono:

- *camminare all'indietro;*

- *camminare ad occhi chiusi;*

- *lanciare la palla contro un bersaglio;*

- *camminare sulle punte dei piedi e dei talloni;*

- *camminare su una linea circolare, tracciata sul pavimento, senza fermarsi né uscire e distrarsi con altro.*

Gli item superati per quanto riguarda le abilità fini-motorie sono:

- *girare le pagine una alla volta;*

- *incollare due fogli;*

- *svitare il tappo della bottiglia;*

- *fare una fila di chiodini sulla tavoletta;*

- *tirarsi sù la lampo del giubbotto;*

- *annodare uno spago;*

- *costruire una torre in verticale con le costruzioni;*

- *aprire un lucchetto abbastanza grande con una chiave;*

- *fare delle palline con la plastilina;*

- *infilare i chiodini nella bottiglia;*

- *utilizzare correttamente le posate;*

- *colorare correttamente all'interno degli spazi dei disegni;*

- *distribuire le carte ai compagni;*

- *effettuare una pinza superiore.*

Per quanto riguarda gli item che non sono stati superati sono:

- *imitare la costruzione di un ponte con i cubi;*

- *piegare un foglio di carta in verticale;*

- *completare un puzzle con 6 pezzi di grandi dimensioni;*

- *fare una fila di chiodini dello stesso colore;*

- *allacciarsi le scarpe;*

- *utilizzare la pinza per prendere degli oggetti piccoli;*

- *distinguere le figure geometriche;*

- *ritagliare precisamente delle figure sul giornale;*

- *toccarsi, con l'estremità del pollice, tutte le dita della mano una dopo l'altra;*

- *lanciare un pallone in aria e riprenderlo senza farlo cadere a terra.*

Per quanto riguarda le abilità dello schema corporeo gli item che sono stati superati sono:

- *riconoscimento su di sé delle varie parti del corpo;*

- *muovere una parte del corpo;*

- *assumere posizioni da seduta o sdraiata;*

- *entrare e uscire dai cerchi variamente disposti a terra, assumendo. diverse posizioni e modificando il modo di muoversi (camminare, saltare, gattonare);*

- *passare gattonando sotto gli sgabelli;*

- *nascondersi dietro la tenda;*

- disegnare graficamente le parti mancanti degli omini sulle schede (tranne il tronco).

Gli item che non sono stati superati sono:

- riconoscere correttamente le parti del corpo sugli altri compagni;

- portare a termine esercizi per la dissociazione degli arti;

- stare in equilibro (sia con occhi aperti che chiusi) con le braccia tese lungo i piedi e le gambe a piedi uniti per più di 7 secondi;

- stare in equilibrio su di una sola gamba;

- entrare sotto la coperta e uscirne muovendosi sotto strisciando pancia a terra;

- comprendere, affatto, la scheda delle sequenze temporali.

Per quanto riguarda l'obiettivo che mi ero proposta nel ridurre l'ansia e il timore connesso ad esperienze posturali e motorie non usuali, abbiamo utilizzato (insieme al psicomotricista) la tecnica del rilassamento, poiché Adelaide, sin dalla prima seduta, non ha mai accettato di buon grado la posizione che la vede completamente distesa sul materassone, dimostrando un certo ipercontrollo degli arti ed uno stato comportamentale di tensione. Come affermava Ajuriaguerra "Il rilassamento permette all'individuo, attraverso la diminuzione della tensione neuro-muscolare, di sentirsi più a suo agio nel proprio corpo e per conseguenza nell'insieme del suo comportamento tonico-emozionale. Noi non cerchiamo di sopprimere il sostegno tonico all'azione, bensì l'ipertonia muscolare spossante che costituisce la base dello stato di tensione che ricade sul comportamento".

70

All'inizio dell'intervento psicomotorio ho dovuto stabilire con Adelaide anche un dialogo tonico. Per capire è sufficiente rifarsi al dialogo arcaico tra un neonato, che esprime i suoi bisogni con smorfie, grida, con reazioni toniche assiale, e la mamma. Il bambino impara a reagire agli stimoli o ad interventi esterni con l'ipertonia, oppure si lascia andare ad un tranquillo rilassamento, solo perché le sue modificazioni toniche vengono interpretate dalla madre, che le comprende e dà loro un'adeguata risposta.

Ho dovuto ricorrere ad un tono di voce suadente e basso, cantando anche qualche canzoncina che Adelaide preferisce.

Ho avuto difficoltà a farle eseguire questa prova in quanto si è sempre opposta, afferrandomi con forza. Così ho fatto assumere, durante il rilassamento, una posizione seduta su una poltrona comoda appoggiando le mani sulle sue gambe e con occhi chiusi. Ma anche in questa fase, Adelaide ha sempre respinto la posizione ad occhi chiusi, non riuscendo a stare ferma per più di dieci secondi, dimostrando nel frattempo agitazione e impulsività. Inoltre non è stato possibile, per le limitate capacità cognitive, eseguire nessuna tecnica di immaginazione, respirazione consapevole o di ascolto del corpo.

Siamo così, dopo numerosi fallimenti, passati ad un rilassamento di tipo "sensoriale": la musica, tralasciando le varie tecniche di respirazione (inspirazione ed espirazione), l'immaginario e la rappresentazione delle emozioni provate.

Poiché Adelaide, sembra avere una predisposizione a contatti corporei, l'unico esercizio possibile sembra rimanere la tecnica del massaggio, accompagnata da una musica di sottofondo, offrendole un'esperienza di contatto positivo e rassicurante, dove poter prendere coscienza del corpo e dei propri confini.

Nelle sedute successive sembra aver notato in Adelaide minore iperattività, minore ipersensibilità ed appena un lieve miglioramento dei meccanismi di adattamento.

6. Valutazioni delle abilità contenute all'interno del Test SVAP (Scheda di valutazione delle abilità Padroneggiate)

Attraverso i risultati ottenuti dalla SVAP, Adelaide presenta delle enormi difficoltà nelle abilità integranti (l'uso dei mezzi pubblici, del denaro, del telefono, ecc.), nelle abilità accademiche (di lettura, di scrittura, aritmetiche, ecc.) e in alcune abilità cognitive (temporali, di classificazione, concettuali, ecc.).

Attraverso l'intervento psicomotorio, al quale è stato sottoposta Adelaide, si è giunti ad un lieve miglioramento nelle attività grosso-motorie e fine-motorio. Adelaide, infatti, ha imparato ad annodare lo spago pur rimanendo le sue difficoltà nell'eseguire un fiocco.

Nella grafomotricità ha affinato la sua prensione, passando così da una pinza media a superiore.

Questi miglioramenti si sono avuti grazie agli esercizi svolti con oggetti di piccole dimensioni: matite, penne, pennarelli, attrezzi e strumenti che hanno favorito l'indipendenza della mano e delle dita.

Un altro lieve miglioramento si è avuto nelle abilità relative allo schema corporeo.

Con l'intervento psicomotorio eseguito, Adelaide ha imparato a riconoscere anche le parti del corpo sugli altri, ad assumere con minore agitazione e tensione la posizione sdraiata, e a portare a termine esercizi che prevedevano l'entrata e l'uscita dai cerchi, modificando ogni volta la modalità del movimento (prima camminando, poi saltando e alla fine gattonando).

Conclusioni e ringraziamenti

Adelaide, è stata inquadrata, sin dall'inizio, in una diagnosi di ritardo mentale di entità media, dove non sono solitamente presenti gravi deficit motori. Partendo da questo presupposto, si è dimostrato, in questo elaborato, come il suo sviluppo psicomotorio ha raggiunto, con un intervento mirato e guidato, livelli soddisfacenti, anche se continua a presentare una caduta nella rapidità e nella coordinazione dei movimenti. Ciò è servito a rafforzare e ampliare il suo grado di autonomia che, in nessun individuo si improvvisa, ma si costruisce per gradi, passo dopo passo.

Allo stesso modo, nel caso di Adelaide si è realizzata attraverso una relazione di sperimentazione dell'autonomia stessa e di aiuto, consistita nel guidare, assistere, incoraggiare, accettare, lasciar crescere e fare.

Così scriveva Maria Montessori: "*La conquista dell'indipendenza è un percorso vitale per l'individuo: inizia dalla nascita e prosegue poco a poco, grazie all'appoggio di chi educa, a cui spetta il compito di far capire come si fa, senza negare al soggetto il diritto di sbagliare, ma di provare e provare ancora…..*"

Proprio nel provare e provare ancora, Adelaide ha avvertito la fiducia di chi gli è stato accanto, l'incoraggiamento di chi ha stima di lei e sa dire "OK!".

Al di là di questa mia dimostrazione e della sua riuscita, questa esperienza con i disabili, è stata vissuta da me con entusiasmo e impegno. Lo stesso impegno che ogni giorno questi ragazzi impiegano nel vivere le proprie difficoltà. Adelaide, mi ha manifestato la sua prima forma di impegno, già dal primo momento che mi ha dato fiducia. Ma, anche laddove, ha mostrato il suo rifiuto alle mie proposte, l'ho vissuta come espressione viva della sua libertà.

Partendo, proprio dai suoi segni, ho cercato con empatia di favorire la piena espressione dei suoi comportamenti e stimolarli.

Per questa esperienza viva e diretta, ringrazio tutti coloro che mi hanno trasmesso consigli, informazioni ed elementi professionali, rispetto ad un lavoro svolto, da tutti loro, con notevolissima professionalità e forte investimento emotivo-relazionale.

Attraverso la psicomotricità, ho imparato a conoscere ed ascoltare il mio corpo in maniera diversa, e capire, soprattutto, che l'impegno da me impiegato, rivela il suo valore non tanto nella materialità del suo contenuto, ma piuttosto nella pienezza con la quale ho vissuto l'atto.

SCHEDE UTILIZZATE PER RAGGIUNGERE GLI OBIETTIVI PROPOSTI

Le prime quattro schede contengono dieci items ad ognuno dei quali viene attribuito un punteggio che varia da 0 a 4 in base al grado di padronanza dell'abilità osservata. Il punteggio 0 corrisponde ad un'abilità non posseduta; il punteggio 1 corrisponde ad un'abilità posseduta solo in alcuni momenti od in alcuni contesti; il punteggio 2 corrisponde ad un'abilità presente sempre, ma solo parzialmente; il punteggio 3 corrisponde ad un'abilità che talvolta necessita di un aiuto esterno; il punteggio 4 corrisponde ad un'abilità posseduta e ben padroneggiata.

Assegnato ad ogni item il relativo punteggio si calcola la percentuale relativa alle abilità considerate dividendo la somma dei punteggi ottenuti per la somma del punteggio massimo raggiungibile.

Abilità relazionali

		Anno inizio	Anno fine
1	Sorride, guarda l'altro		
2	Risponde al sorriso, allo sguardo dell'altro		
3	Saluta		
4	Risponde al saluto		
5	Accetta l'aiuto delle compagne		
6	Accetta aiuto e osservazione degli educatori		
7	Collabora col lavoro di gruppo		
8	Si siede vicino alle compagne		
9	Accetta che si siedano vicino a lei compagne, educatori…		
10	Instaura rapporti privilegiati		

Somma risultati

Percentuali   %   %

Abilità sociali

		Anno inizio	Anno fine
1	Inizia interazione sociale		
2	Accetta interazione sociale incominciata da altri		
3	Mostra affetto verso persone familiari		
4	Dà poca confidenza agli estranei		
5	Rispetta e riconosce l'autorità (educatore, direttore...)		
6	Formula richieste		
7	Esprime dissenso		
8	Rispetta proprietà altrui		
9	Usa forme verbali di cortesia		
10	Usa comportamenti di cortesia		

Somma risultati

Percentuali   %   %

Abilità fino motorie

		Anno inizio	Anno fine
1	Afferra gli oggetti con la mano		
2	Afferra oggetti con pollice- indice		
3	Avvita e svita		
4	Infila perline		
5	Usa le forbici		
6	Tiene in mano correttamente una matita		
7	Sa dosare la pressione su una matita, coltello, forchetta…		
8	Sfoglia una pagina alla volta un libro o una rivista		
9	Modella con le mani creta, plastilina, pasta di sale		
10	Sposta piccoli oggetti da un recipiente all'altro		

Somma risultati

Percentuali %   %

Abilità grosso motorie

		Anno inizio	Anno fine
1	Si alza in piedi da seduto a terra		
2	Cammina da solo		
3	Sale e scende le scale		
4	Sa lanciare, indirizzando, una palla		
5	Cammina portando un peso con le mani		
6	Segue un percorso senza urtare gli eventuali ostacoli		
7	Raccoglie oggetti da terra		
8	Sa saltare		
9	Sta in equilibrio su un piede		
10	Riesce a spingere oggetti pesanti		

Somma risultati

Percentuali   %   %

SCALA DI VALUTAZIONE DELLE ATTIVITÀ DELLA VITA
QUOTIDIANA (Barthel Index)

(Mahoney FI, Barthel DW: Mar.St.Med.J. 1965;14:61-65)

	A	B	C
Alimentazione	0	~~5~~	10
Abbigliamento	0	~~5~~	10
Toilette personale	0	~~0~~	5
Fare il bagno	0	0	~~5~~
Controllo defecazione	0	5	~~10~~
Controllo minzione	0	5	~~10~~
Spostarsi dalla sedia al letto e ritornare	0	10	~~15~~
Montare e scendere dal WC	0	5	~~10~~
Camminare in piano	0	10	~~15~~
Salire o scendere le scale	0	5	~~10~~

A) dipendente   B) con aiuto   C) indipendente

PUNTEGGIO TOTALE __85__ /100

SCALA DI VALUTAZIONE DELLE ATTIVITÀ DELLA VITA QUOTIDIANA
INDICE DI BARTHEL

L'Indice di Barthel rappresenta uno degli strumenti di valutazione della funzione fisica più noti, soprattutto in ambito riabilitativo.

Fornisce un punteggio indicativo delle capacità del soggetto di alimentarsi, vestirsi, gestire l'igiene personale, lavarsi, usare i servizi igienici, spostarsi dalla sedia al letto e viceversa, deambulare in piano, salire e scendere le scale, controllare la defecazione e la minzione.

Il punteggio assegnato per ogni funzione può essere 15, 10, 5 o 0. Per esempio, vengono assegnati 10 punti se il soggetto si alimenta autonomamente e 5 punti se richiede aiuto (per esempio tagliare il cibo). Per il controllo della minzione e defecazione si considera indipendente il paziente che gestisce autonomamente i propri bisogni; con aiuto se richiede l'aiuto (anche parziale) di altri per utilizzare strumenti quali pappagallo o padella; dipendente se usa il catetere o presenta episodi di incontinenza, anche saltuari.

Il punteggio massimo è assegnato solo se il paziente esegue il compito in modo completamente indipendente, senza la presenza di personale d'assistenza.

Il punteggio massimo è 100 ed indica l'indipendenza in tutte le attività di base della vita quotidiana.

www.i-nurse.it

i-Nurse

Katz ADL Scale (Indice dell'indipendenza delle Attività di Vita Quotidiana)

Nome e Cognome... ADELAIDE ....

PER FARE IL BAGNO NELLA VASCA O NELLA DOCCIA
(0) E' autonomo. Entra ed esce dalla vasca senza bisogno di aiuto
(0) Riceve assistenza soltanto nella pulizia di una parte del corpo (schiena e gambe) ✗
(1) Riceve assistenza per la pulizia di due o più parti (o non fa il bagno)

VESTIRSI (PRENDERE GLI ABITI DALL'ARMADIO O DAL CASSETTO E VESTIRSI
(0) Prende i vestiti e li indossa senza bisogno d'assistenza
(0) Prende i vestiti e li indossa senza bisogno di assistenza eccetto che per l'allacciamento delle scarpe ✗
(1) Riceve assistenza senza prendere i vestiti o per vestirsi o rimane parzialmente svestito ✗

ANDARE ALLA TOILETTE (ANDARE NEL BAGNO PER L'EVACUAZIONE DI URINE E FECI, RIPULIRSI E VESTIRSI)
(0) Va alla toilette, si pulisce e si riveste senza ricevere assistenza (può usare strumenti per sorreggersi, come bastone o stampelle, o una sedia a rotelle, o può alzare il vaso da notte, svuotandolo poi al mattino)
(1) Riceve assistenza per andare alla toilette o per ripulirsi o per rivestirsi o per l'utilizzo del vaso da notte ✗
(1) Non è in grado i andare alla toilette per l'evacuazione di fedi e urine

MOBILITA'
(0) Entra ed esce dal letto e si alza dalla sedia senza bisogno di assistenza (anche usando strumenti per sorreggersi come il bastone ✗
(1) Riceve assistenza per entrare e uscire dal letto o sedersi o alzarsi dalla sedia
(1) E' aliettato

CONTINENZA
(0) Controlla correttamente e autonomamente l'evacuazione di feci e urine ✗
(1) E' saltuariamente incontinente
(1) E' necessaria una supervisione, utilizza il catetere, è incontinente

ALIMENTARSI
(0) Si alimenta da solo senza assistenza
(0) Si alimenta da solo eccetto per alcune operazioni che richiedono assistenza (ad esempio, tagliare la carne) ✗
(1) Riceve assistenza per alimentarsi, viene alimentato parzialmente o completamente per mezzo di onde o liquidi per via parenterale

Interpretazione 6/6 dipendenza totale – 0 completa autosufficienza

TOTALE = 2 ../6

Firma ....

Mod 8 cart. Inf.ca

Quadro generale dei comportamenti problema

(Tratto da: Ianes e Cramerotti, *Comportamenti problema e alleanze psicoeducative*, Trento, Erickson, 2002; Adattato da Hogahn et al., 2001.)

Nome **ADELAIDE**   Sesso **F**

Compilatore/i **MUROLO ANNUNZIATA**

Data **25/06/2012**

Con quale frequenza il soggetto presenta i seguenti comportamenti?

0 Mai	2 Raramente	4 Qualche volta	6 Abbastanza spesso	8 Quasi sempre	10 Sempre

Autolesionismo

Comportamento	0	1	2	3	4	5	6	7	8	9	10
Mordersi	0	1	2	3	4	5	6	7	8	9	10
Colpirsi la testa	0	1	2	3	4	5	X	7	8	9	10
Colpirsi parti del corpo	0	1	2	3	X	5	6	7	8	9	10
Graffiarsi	X	1	2	3	4	5	6	7	8	9	10
Vomitare	X	1	2	3	4	5	6	7	8	9	10
Pizzicarsi	0	1	2	3	X	5	6	7	8	9	10
Pica	X	1	2	3	4	5	6	7	8	9	10
Colpirsi con oggetti	X	1	2	3	4	5	6	7	8	9	10
Strapparsi le unghie	X	1	2	3	4	5	6	7	8	9	10
Conficcarsi qualcosa	X	1	2	3	4	5	6	7	8	9	10
Aerofagia	X	1	2	3	4	5	6	7	8	9	10
Strapparsi i capelli	X	1	2	3	4	5	6	7	8	9	10
Stregare i denti	0	1	X	3	4	5	6	7	8	9	10
Altro	0	1	2	3	4	5	6	7	8	9	10

Comportamenti stereotipati

Comportamento	0	1	2	3	4	5	6	7	8	9	10
Dondolarsi	0	1	2	3	4	5	X	7	8	9	10
Annusare oggetti	X	1	2	3	4	5	6	7	8	9	10
Ruotare su se stessi	X	1	2	3	4	5	6	7	8	9	10
Oscillare le braccia	0	1	2	3	X	5	6	7	8	9	10
Muovere la testa	0	1	2	3	X	5	6	7	8	9	10
Roteare oggetti	0	1	2	3	4	5	X	7	8	9	10

(continua)

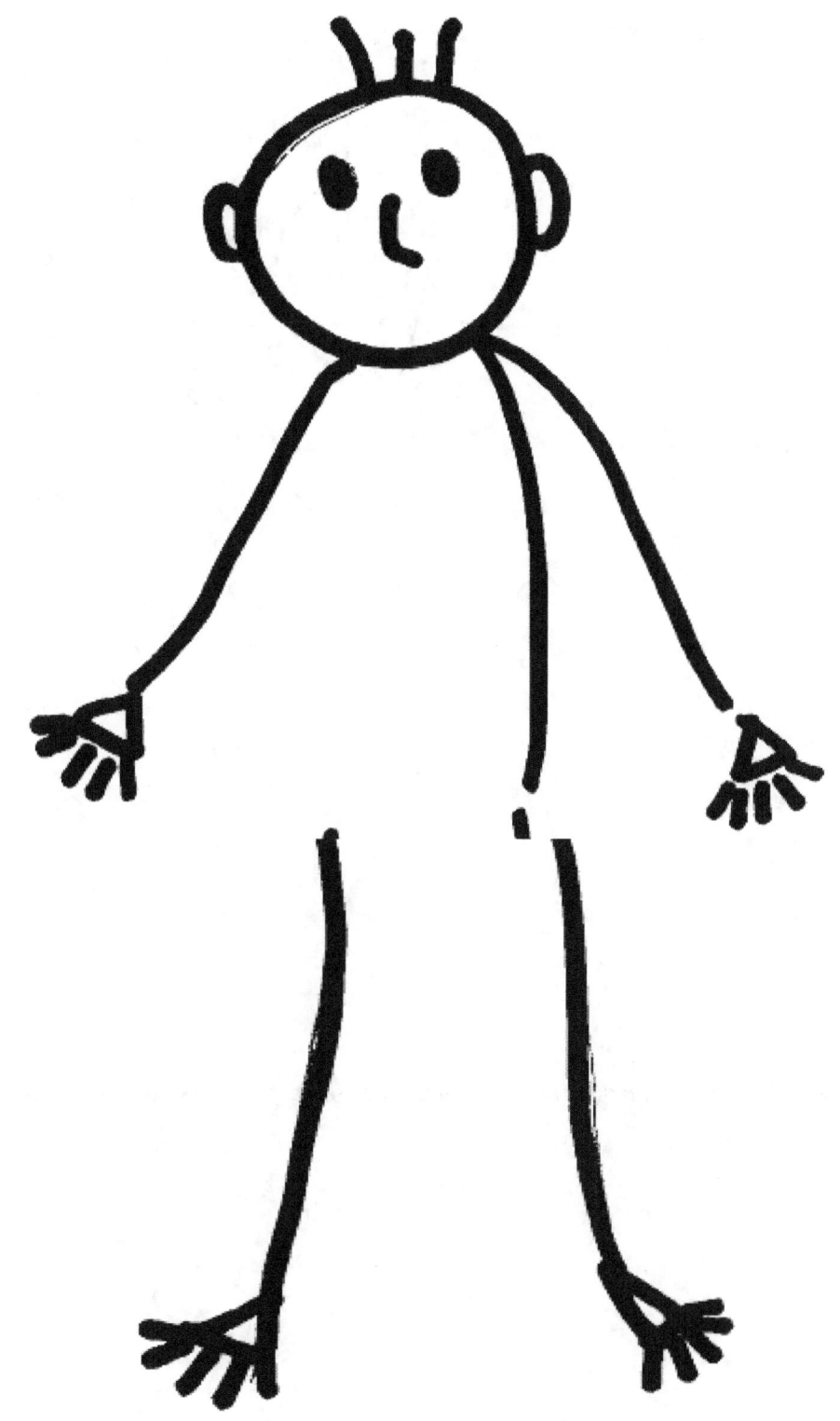

Coordinazione motorio oculo-manuale
Rappresentazione spaziale

1) *Colora col pastello, rosso, giallo e blu i palloncini*

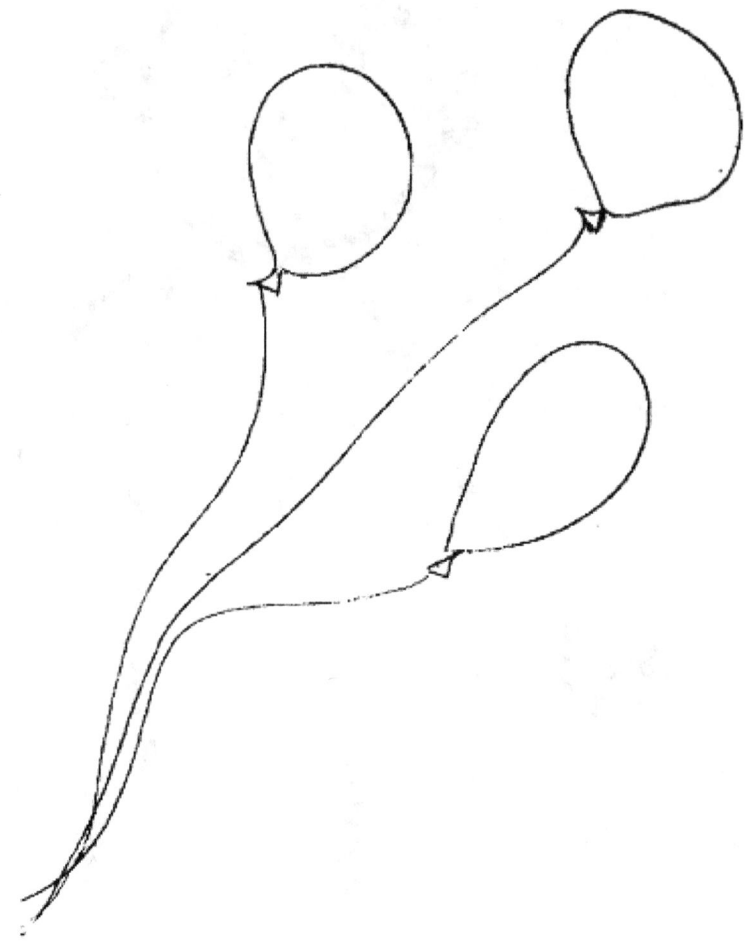

2) *colora col pastello BLU la palla piccola e col pastello VERDE la palla grande*

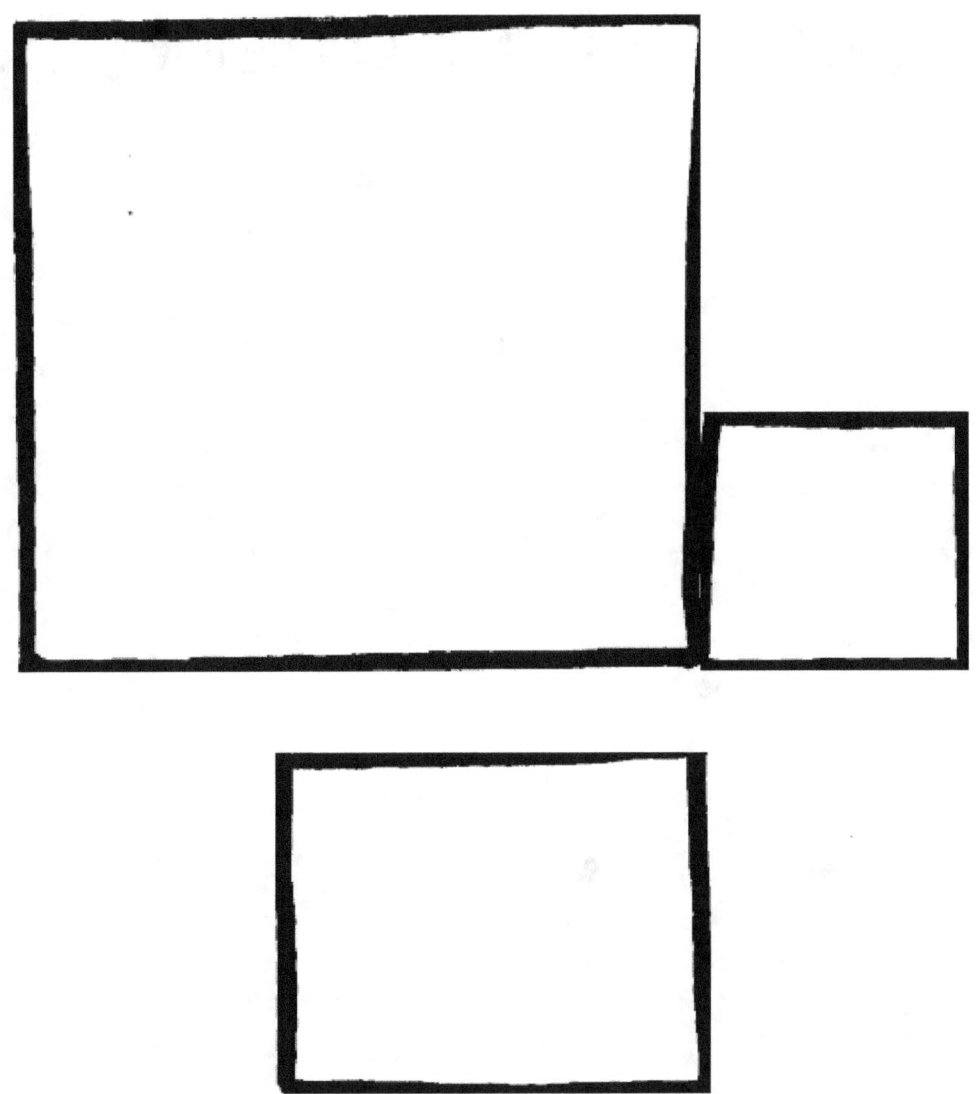

Grafismi, coordinazione oculo-manuale

88

UNISCI I PUNTI CON LINEE DRITTE

UNISCI I PUNTI CON LINEE CURVE

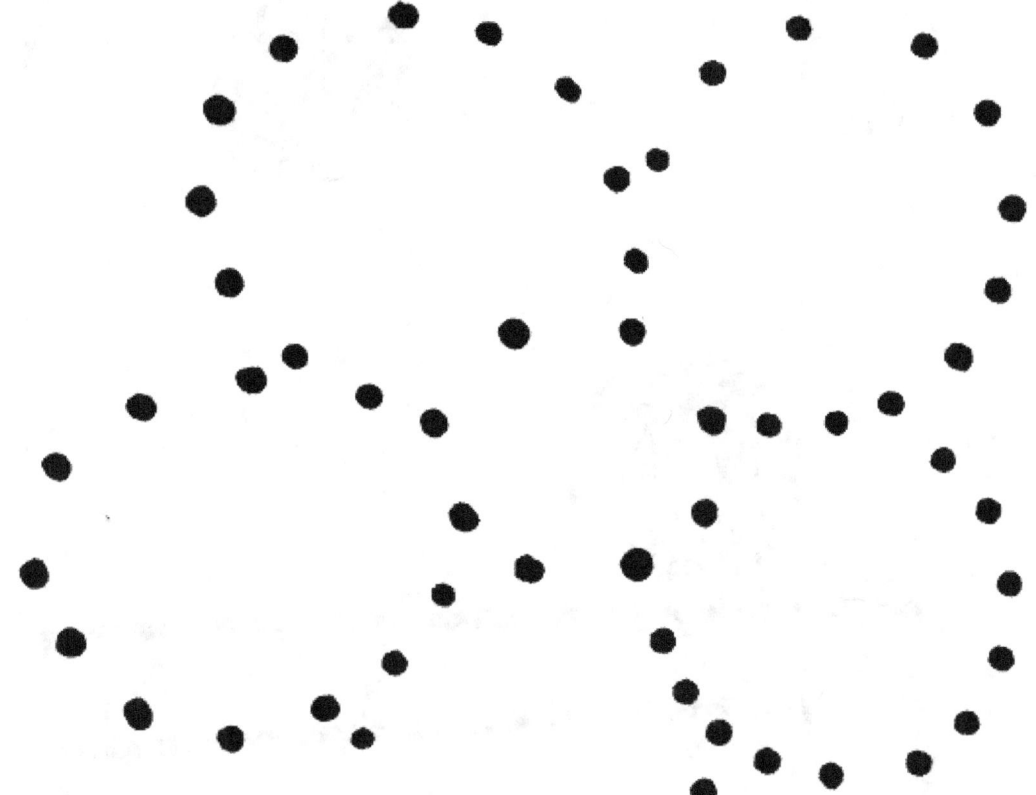

DIRE SE LA PALLA É SOTTO O SOPRA IL TAVOLO.

Colora il sole che sta **FUORI** dal cerchio

Colora il pesce che sta **DENTRO** il vaso di vetro

Acquisizione e strutturazione del concetto Tempo

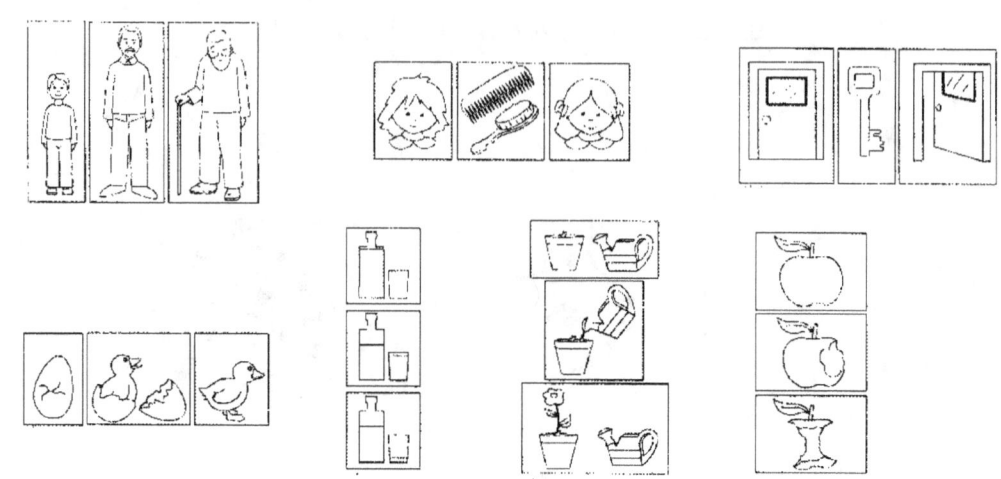

SEQUENZE TEMPORALI

93

autonomia motorio-prassica

1) ...BATTI LA MANO SUL TAVOLO DUE VOLTE !

[ ] esegue il comando   [X] non esegue il comando

2) ...PRENDI LA PALLA PIU' GRANDE ! (scelta tra due palle di diversa dimensione)

[X] esegue il comando   non esegue il comando

3) ... PRENDI LA PALLA PIU'PICCOLA ! (scelta tra due palle di diversa dimensione)

[X] esegue il comando   non esegue il comando

4) ... TOCCA IL GIOCATTOLO PIU' ALTO !

[ ] esegue il comando   [X] non esegue il comando

5) ... TOCCA IL GIOCATTOLO PIU' BASSO !

[ ] esegue il comando   [X] non esegue il comando

Progetto "Educazione psico-motoria per disabili"

Gruppo di progettazione

Referente:

Nome e cognome	
	Annunziata Murolo

Componenti:

Nome e cognome	**Annunziata Murolo**
Nome e cognome	**Tommaso Aprea (Terapista della neuro-psicomotricità dell'età evolutiva)**

Scheda descrittiva di progetto

INFORMAZIONI GENERALI

Titolo del Progetto	Educazione psico-motoria per disabili
Struttura Proponente	Associazione Metafelix
Durata del progetto	5 MESI

Referente del Progetto

Nome e cognome	Annunziata Murolo
Recapiti telefonici	+39 3201720611
Fax	0818506820

Gruppo di Progetto

Nome e cognome	Annunziata Murolo
Nomee cognome	Tommaso Aprea

IL PROGETTO

A- Le destinatarie e i destinatari del progetto

L'ATTIVITA' DI PSICOCOMOTRICITA' E' RIVOLTA AD 8 UTENTI CON VARIE DISABILITA': SINDROME AUTISTICA, SINDROME DI DOWN E INSUFFICIENZA MENTALE.

L'INTERVENTO SI TERRA' NELLA PALESTRA DELLA STRUTTURA "METAFELIX" DI TERZIGNO (NA) DAL MESE DI GIUGNO AL MESE DI NOVEMBRE.

B - Presentazione sintetica del progetto

Il progetto è rivolto ad alcuni individui diversamente abili che frequentano quotidianamente il centro ed un soggetto che proviene dal convitto della stessa struttura. Gli incontri della durata di un ora avranno una cadenza di tre volte alla settimana (Lunedì – Mercoledì – Venerdì) e si utilizzerà lo spazio interno della palestra della struttura sopra indicata. L'obiettivo finale è, per gli educatori offrire ai partecipanti occasioni per poter entrare in relazione con il proprio corpo, dimostrando come l'intervento psicomotorio sia in linea con il percorso che i soggetti, all'interno del centro, hanno già avviato per migliorare l'efficienza, l'efficacia, la sicurezza, l'accessibilità, l'umanizzazione e l'aggiornamento del sistema dei servizi della persona.

Illustrare strategie e contenuti

Le attività di psicomotricità svolte saranno collettive con un gruppo massimo di 8 persone. Le attività saranno incentrate sull'utilizzo globale del corpo recuperando il piacere del movimento fine a se stesso,e in termini psicometrici comprendere la personalità dei soggetti che si ha di fronte come anche i disagi che hanno nel relazionarsi con sé stessi e il mondo esterno. Saranno introdotti esercizi basati sul gioco simbolico, gioco costruttivo , gioco senso-motorio guidato,del dialogo tonico, rilassamento, attività di imitazione, attività manuale con funzione tecnologico-operativa, attività pittoriche e grafo motorie.

Descrivere il prodotto o risultato finale

Questo intervento di psicomotricità che coinvolge i soggetti diversamente abili partecipanti può essere di aiuto affinchè attraverso attività collettive , varie tecniche e strategie eseguite si possa riscoprire il piacere di muoversi liberamente e rafforzare le loro capacità per poterli condurre ad essere quanto più autonomi possibile , ed accrescere così la loro autostima.

C – Obiettivi, contenuti e fasi del progetto

C.a Individuazione del problema e dei bisogni

Con questo progetto si intende apportare ai soggetti diversamente abili un'esperienza nuova e diversa dalla cura e riabilitazione ai quali ,generalmente, sono destinati. Si vuole offrire ai soggetti occasioni nuove per potersi manifestare con diverse espressioni corporee e posturali, cercando, non solo, di esplorare lo spazio, ma di diversificare le modalità di esplorazione. Per i diversamente abili si aprirà la possibilità di sperimentare attività riguardanti l'equilibrio e il gioco che richiedono una certa abilità prassica. Gli interventi attuati serviranno ai soggetti a considerare la reciprocità, dato che spesso in loro manca il punto di vista dell'altro. Saranno previsti giochi di ruolo e di rappresentazione per ampliare le loro capacità di accedere ad un vero pensiero simbolico. Verranno eseguiti esercizi di rilassamento per il controllo emozionale, poiché spesso le sensazioni vissute possono provocare uno stato di ansia dovuto alla mera difficoltà di classificarle e decodificarle.

L'attività educativa-motoria diviene, in questo contesto, per il soggetto disabile l'esaltazione delle sue, se pur residue, capacità e di ciò che sa fare, in un mondo che sempre gli ricorda ciò che non è in grado di essere e ciò che gli manca.

C.b Strategie e metodi

Quest' attività di educazione psicomotoria ha la durata di cinque mesi. Verranno utilizzati strumenti ed oggetti presenti nella palestra della struttura. Si tratta di un progetto dove l'intervento passa da giochi di fiducia a giochi di comunicazione, da momenti in cui si vivono forti emozioni a momenti di interiorizzazione attraverso la danza e la libertà di espressione del proprio corpo.

Il progetto prevede una fase iniziale (due o tre incontri) in cui la psicomotricità viene finalizzata, in particolare, alla conoscenza degli altri e al nuovo ambiente.

Durante l'accoglienza iniziale i soggetti diversamente abili si ritroveranno insieme nella stanza, saranno accolti dagli operatori e sarà presentato loro lo spazio, il materiale(un oggetto alla volta), in modo che i partecipanti potranno arrivare a percepire lo spazio psicomotorio come un ambiente protetto in cui essi possono esprimersi liberamente e serenamente.

Seguirà, quindi, il momento reale delle attività che saranno in parte libere e in parte strutturate.

Ogni incontro, nella fase iniziale, si aprirà con il rilassamento o detensionamento in cui verranno invitati a rilassarsi, prendendo coscienza del proprio tono muscolare e delle proprie tensioni.

Si favoriscono poi esperienze e giochi in cui investire positivamente i corpo per arrivare ad un maggior controllo e adattamento alla realtà ,ed esercizi che possono rafforzare un'attenzione poco focalizzata e una forte distraibilità. Le attività verranno eseguite attraverso giochi ed esperienze in cui bisogna investire positivamente il corpo per arrivare ad un maggior controllo motorio, e così sperimentare le sensazioni di contenimento attraverso giochi che introducono l'attesa, la posticipazione della gratificazione, le regole e sviluppare piacevolmente i confini corporei ed extracorporei. Per avere un quadro dettagliato delle caratteristiche e capacità verrà, inoltre, utilizzato un protocollo di osservazione, di valutazione e di applicazione pratica di test e schede specifiche consegnate ai partecipanti.

C.c Prodotto finale e risultati attesi

Le attività avranno finalità di tipo educativo. In particolare la finalità è quella di offrire ai soggetti delle occasioni per vivere appieno le relazioni corporee, percepirsi come corpo capace e autonomo, rafforzare le capacità di autonomia e di conseguenza il concetto di autostima.

Nello specifico gli obiettivi mirano a far sperimentare ai soggetti coinvolti attività riguardanti lo schema corporeo e l'immagine di se (in particolare l'accettazione dei limiti e la conoscenza delle proprie potenzialità), lo sviluppo di modalità espressive e di comunicazione soprattutto nel verbale, la scoperta o riscoperta senso-motoria, i rapporti spazio-temporali con il proprio corpo e gli oggetti circostanti.

Trasferibilità dei risultati

Il presente progetto, può essere condiviso da altre strutture che intendono effettuare interventi di psico-motricità quali case famiglia, orfanotrofi, centri di accoglienza, centri diurni e altri centri socio-educativi.

Comunicazione e diffusione dei risultati

Il risultato finale può essere verificato sui test o schede che i partecipanti hanno elaborato per confermare il loro grado di capacità e potenzialità

PIANIFICAZIONE E PROGRAMMAZIONE TEMPORALE DELLE ATTIVITÀ

(Diagramma di Gantt)

Mese 1	Mese 2	Mese 3	Mese 4	Mese 5
Accoglienza e rilassamento				
	Attività di gruppo guidata	*Attività di gruppo guidata*	*Attività di gruppo guidata*	*Attività di gruppo guidata*
	Attività di conoscenza del corpo e gioco senso-motorio	*Attività di conoscenza del corpo e gioco senso-motorio*	*Attività di conoscenza del corpo e gioco senso-motorio*	
	Attività grafico-pittoriche	*Attività grafico-pittoriche*	*Attività grafico-pittoriche*	*Attività grafico-pittoriche*
		Attività tecnologiche-operative		

Attività 1 – Accoglienza e rilassamento

Attività 2 – Attività di gruppo guidata

Attività 3 – Attività di conoscenza del corpo

Attività 4 – Attività grafico-pittoriche

Attività 5 – Attività tecnologiche-operative

Bibliografia/Sitografia

Albert D., *Autostima,* (2012), Auralia Edizioni, Aprile.

Del Gaudio V., *Elogio della bellezza. Chirurgia estetica senza problemi*, (2002), Editore Le Lettere.

Evi Crotti e A. Magni, *Non sono scarabocchi, Come interpretare i disegni dei bambini,* (2004), Ed. Oscar Guide Mondadori.

Gallinari T., *Imparo con il corpo,* (1993), Ed. Levante.

Gardou C., *Diversità, vulnerabilità e Handicap*, (2006), Ed. Erickson.

Lepri C., *Viaggiatori inattesi*, (2011), Franco Angeli Editore.

Magnanini A., *Educazione e movimento*, (2008), Ed. Del Cerro.

Mariotto C., *I segnali del corpo*, (2009), Bruno Editore.

Pisaturo C., *Lo schema corporeo in psicomotricità*. Supplemento a appunti di psicomotricità (1996), Ed. Piccin.

Scarpa S., *Il corpo nella mente*, (2001), Roberto Calzettti Editore.

Shilder P., *Immagine di sé e schema corporeo*, (1990), Franco Angeli, Milano.

Tavella S., *Psicologia dell'handicap e della riabilitazione nello sport*, (2012), Armando Editore.

M. Camerucci, *Psicomotricità: equilibrio tra mente e corpo,* (2008), Morlacchi Editore.